Les Bonbons

Les Carnets gourmands

Catherine Amor

Les Bonbons

Les Carnets gourmands

Photographies de Philippe Barret

ÉDITIONS DU CHÊNE

Réalisation : Éditions Philippe Lamboley
Conception graphique : Éditions du Chêne
Mise en pages : Graphic Garage
Illustrations : Florine Asch

Sommaire

Introduction

Bonbons câlins, bonbons des cours d'école, bonbons des vacances, du plus loin que l'on se souvienne, chaque moment de notre enfance a le parfum et le goût d'un bonbon particulier. Les bonbons sont nos madeleines de Proust, le conservatoire de nos souvenirs d'enfance. Pourtant, la passion du sucré n'est pas l'apanage des enfants ; et tandis que leurs rejetons se remplissent les poches de « bonbecs », les parents et les grands-parents poussent les portes des confiseries. Aux petits les joies du rouleau de réglisse à vingt centimes, aux grands les délices sophistiquées des spécialités de renom. Ce n'est souvent qu'à l'occasion d'une réunion de famille, d'une réception, d'une fête que les générations se retrouveront autour d'une boîte de négus de Nevers, de Forestines de Bourges ou de calissons d'Aix. Sous le regard attentif des adultes, les enfants s'initieront à la gastronomie de la confiserie. Ils n'auront que l'embarras du choix, car chaque région de France propose une spécialité sucrée. Il en naît de nouvelles chaque année, et même si toutes ne sont pas vouées à la gloire, elles témoignent de la créativité parfois surprenante des confiseurs qui concoctent dans le secret de leur laboratoire les grands bonbons de demain.

CACHOU

Saveurs enivrantes

Plantes, fleurs, cachous et réglisse

Dans le secret des couvents, dans les officines des apothicaires, des hommes et des femmes ont feuilleté le grand herbier de la nature, cherchant à percer le mystères des plantes, des fleurs et des racines bienfaisantes. Douce angélique, suave violette ou puissante réglisse ont d'abord soigné petits et grands maux avant de devenir, par la magie du sucre et le talent des confiseurs, de délicates friandises.

L'angélique de Niort

On la cultivait au XIIe siècle en Scandinavie et même au Groenland, où elle était pratiquement le seul légume connu. De plante médicinale, elle est devenue confiserie et a connu son heure de gloire au XIXe siècle, sous la gouge et le couteau des confiseurs-sculpteurs.

Une plante divine

L'angélique, d'abord cultivée par les moines d'Europe centrale, fait son entrée en France par les couvents. Son usage se répand rapidement dans toute l'Europe, car on lui attribue des vertus merveilleuses. Parée de toutes les qualités, l'angélique se montre « tonique, stomachique, sudorifique, expectorante, emménagogue, carminative et dépurative », et, comme si cela ne suffisait pas, Olivier de Serres, en 1600, nous apprend qu'elle est souveraine contre le venin. Il ne manquerait plus à cette panacée universelle que la bénédiction divine si elle ne l'avait déjà gagnée grâce à l'archange Gabriel, qui aurait révélé à un ermite ses propriétés miraculeuses en tant que remède contre la peste. De cette légende, l'ombellifère a tiré sa dénomination d'« herbe du Saint-Esprit » ou d'« herbe des anges ».

Ci-dessus
Avant le confisage, les tiges d'angélique séjournent dans une saumure qui brûle les fibres de la plante et les prépare à absorber le sirop.

Ci-contre
Une boutique d'épicier vers 1780.

L'angélique est découpée et pré-taillée avant d'être insérée dans le moule en forme de grenouille.

Au sortir de la presse, le sujet apparaît sous une forme brute. Il sera ensuite sculpté pour se transformer en jolie grenouille.

Jusqu'au XVIIe siècle, les tiges d'angélique sont essentiellement employées dans la lutte contre la peste. Confites dans le sucre, elles se conservent longtemps. On les croque pour se protéger du mal ; pour plus de sûreté, on peut également porter quelques morceaux de tige fraîche autour du cou, dans un petit sachet. Mais les moines savent également que l'angélique permet de réaliser de délicieuses liqueurs.

« SON BON GOÛT NE RAPPELLE RIEN DONT ON SE SOUVIENNE ET NE RESSEMBLE À AUCUN AUTRE GOÛT QUE LE SIEN. »

Au XVIIIe siècle, les qualités gustatives de la jolie plante verte vont prendre le pas sur ses divines mais peu efficaces vertus médicales. Certes, on la conseille encore pour les douleurs d'estomac, mais on la consomme de plus en plus comme une friandise. Les sœurs de la Visitation-de-Sainte-Marie, à Niort, en font une spécialité. L'originalité de leur recette et l'excellente qualité de la plante cultivée dans la région assurent rapidement le succès de leur commerce. L'angélique confite est à la mode, et Mme de Sévigné en donne cette définition : « Son bon goût ne rappelle rien dont on se souvienne et ne ressemble à aucun autre goût que le sien. » En 1789, Niort expédiait dix tonnes d'angélique confite en France et à l'étranger. À l'époque napoléonienne, le Blocus continental toucha de plein fouet les confiseurs de Niort, qui, faute de sucre, virent leur production chuter brutalement : deux tonnes à peine d'angélique furent produites en 1810. Elle devint une friandise de grand luxe : en 1821, un kilo d'angélique confite valait plus de dix livres !

D'étonnantes sculptures gourmandes

Un confiseur du nom d'Épron eut l'idée de modifier et d'améliorer la présentation de la tige confite. Après confisage, il modelait, sculptait la plante en forme de grenouille, de poisson ou de plante. Puis vint la mode des grandes pièces allégoriques, qui nécessitaient un art consommé. Louis-Napoléon Bonaparte reçut ainsi des mains du maire de Niort une splendide aigle impériale sculptée dans l'angélique, et, en 1896, on offrit au tsar Alexandre III une immense pièce, ouvrage du confiseur Benoist, figurant la France et la Russie se donnant la main. Plus modeste, Bernard Albert, dernier confiseur-sculpteur, transforme les bâtons d'angélique en petits animaux du Marais poitevin, qu'il moule et sculpte dans la masse.

L'anis de Flavigny

Chaque graine d'anis vert ou « petit anis », enrobée de fines couches de sucre, ne pèse pas plus d'un gramme. Modeste confiserie, pourrait-on conclure ? Pas tant que ça. Les anis de Flavigny, délicatement parfumés, sont la plus ancienne marque de France.

PLUS DE MILLE ANS DÉJÀ !

On trouve mention de l'anis de Flavigny dans un document datant de 872. Celui-ci fait état d'un don de trois livres d'anis par les moines bénédictins de Flavigny au pape Jean VIII. Ce cadeau d'adieu marquait le départ du souverain pontife, qui venait d'effectuer un séjour de trois semaines à l'abbaye, avec une suite de dix-huit évêques. Mais s'agit-il déjà d'anis confit ? la question reste entière. Qui dit confisage dit sucre, or le sucre était inconnu en Europe à cette époque. Savait-on confire avec le miel ? On peut l'envisager, mais la recette est à jamais perdue.

Les différentes boîtes dans lesquelles sont aujourd'hui vendus les anis de Flavigny. À chaque parfum correspond une boîte.

LE BONBON DES SŒURS URSULINES

Il faut attendre le XVIIe siècle pour que l'on reparle de l'anis de Flavigny. L'abbaye est alors occupée par des sœurs ursulines. Sous la direction de la mère supérieure, la révérende mère Claude Jacotot, elles se lancent dans la fabrication d'anis confit. D'où tiennent-elles cette recette

A LA FONTAINE DE
MARQUE DE FABRIQUE
EXPOSITION DE SEMUR MONGENET
AGRICULTURE
DIJON
MONGENET
1858
ANIS
DE FLAVIGNY
MAISONS SORDET & MONGENET
MONGENET FILS
SUCCESSEUR
A FLAVIGNY (Côte-d'Or)
Inventeur des Anis analeptiques au chocolat
à différentes essences
EXPÉDITION
F

C'est dans une ambiance très « familiale » que les ouvrières conditionnent les billes d'anis. À Flavigny, le travail à la chaîne n'existe pas.

Plaque ancienne de l'une des fabriques de bonbons portant le nom évocateur « Au Galant Berger ».

À droite
Sur les boîtes d'anis, le berger conte fleurette à la bergère.

qui consiste à enrober de sucre une graine d'anis puis à la parfumer à l'eau de fleur d'oranger ? Des habitants du village ? Des moines bénédictins ? Nul ne sait. Il faut encore une fois avoir recours à la légende qui dit que, non loin de là, l'eau de fleur d'oranger jaillissait naturellement de la fontaine de la Recluse. Les bonnes sœurs y puisèrent sans doute l'inspiration...

Une chose est sûre, la fabrication de l'anis confit à cette époque n'est pas une mince affaire. Pour réaliser un bonbon, il faut compter six mois de travail, pendant lesquels se succèdent phases d'enrobage à la main et de séchage. On comprend mieux qu'elle soit restée le privilège des nobles et des bourgeois.

« Au Galant Berger »

Après la Révolution, les confiseurs de Flavigny reprennent le flambeau. Cinq fabriques confectionnent alors les célèbres petites billes anisés sous des marques aux consonances bucoliques : « À la Belle Marraine », « À la Source des Douceurs » « À la Fontaine de la Recluse ». Elles se regroupent après la Première Guerre mondiale sous la marque « Au Galant Berger ». Ce même berger qui conte gentiment fleurette à sa bergère sur toutes les boîtes d'anis de Flavigny. L'usine est située au cœur même de l'ancienne abbaye. Elle est rachetée en 1923 par Jean Troubat, qui poursuit la fabrication tout en modernisant les installations.

La tradition perpétuée

Aujourd'hui, la famille Troubat continue de veiller sur la maison. La recette classique n'a pas changé, mais quinze jours suffisent maintenant à fabriquer les bonbons. De nouveaux parfums sont apparus, treize en tout, parmi lesquels la menthe, la violette, la mandarine ou le jasmin. Chaque année, deux cent cinquante tonnes de petites billes blanches quittent Flavigny dans leur étui de carton ou dans des boîtes ovales au charme un peu désuet.

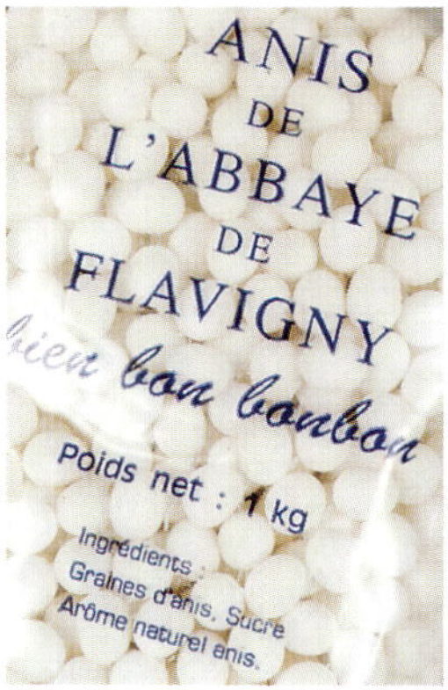

Ces petites dragées anisées furent parmi les premières friandises à apparaître dans les distributeurs automatiques des quais de gare et du métro parisien. Ce mode de distribution favorisa largement la popularité du bonbon.

La légende de l'anis de Flavigny

Les légendes ont la vie dure. Celle qui entoure l'origine de l'anis de Flavigny, toute farfelue qu'elle soit, est soigneusement entretenue. À l'en croire, c'est à Jules César en personne que l'on devrait, indirectement il est vrai, l'introduction de la plante en Bourgogne. Lors du siège de l'antique Alésia, que certains historiens situent non loin du site actuel du village de Flavigny-sur-Ozerain, les médecins de l'hôpital de campagne romain auraient planté des graines d'anis vert. Elles y auraient, depuis, prospéré. La plante, recommandée par Pline l'Ancien contre les piqûres de scorpion, était parée de grandes vertus thérapeutiques. De là à penser que les soldats romains avaient eux aussi leur potion magique, il n'y a qu'un pas… que nous ne franchirons pas.

Le cachou Lajaunie

Dans l'arrière-salle de sa petite officine, Léon Lajaunie est heureux. Depuis des années, ce pharmacien cherche la formule d'un petit bonbon à la réglisse. Ce jour de l'année 1890, il peut inscrire sur son cahier d'écolier la composition définitive de sa dernière invention : le cachou Lajaunie est né.

Naissance de la petite boîte jaune

La composition de la savante mixture qui donna naissance à ce cachou fut bien gardée par Léon Lajaunie. Aujourd'hui encore, le silence est de règle devant toute curiosité. Bien sûr, tout le monde sait que la réglisse forme la base des petites pastilles, mais pas moins de douze autres produits, dont le benjoin et la noix d'arec, entrent dans sa composition. Cependant, le succès que rencontre le cachou Lajaunie tient tout autant au savoir-faire de son créateur qu'à son sens aigu du marketing : il comprend immédiatement qu'il faut apporter autant de soin à l'emballage qu'au produit lui-même. La fabrication de la petite boîte jaune, conçue par un ami horloger de façon à entrer dans une poche gousset, est confiée aux frères Sirven, imprimeurs et fabricants de boîtes métalliques. Ce sont eux qui, en 1906, reprennent la marque, quand le bon pharmacien, dépourvu d'héritiers, sent sa fin proche. Il meurt en 1907, mais son nom, désormais célèbre, est déjà sur tout les murs de la capitale.

Passion publicité

Son fameux cachou n'a pas encore dix ans que Léon Lajaunie pense déjà à la publicité, qui a joué en effet un rôle essentiel dans l'histoire du succès de la petite boîte jaune. Affichettes de métal, présentoirs de formes diverses, puis, en 1902, la première affiche signée par le célèbre affichiste Cappiello. Depuis cette époque, toute la publicité de la marque est déclinée autour d'une image de femme séduisante et impertinente.

Plus de dix millions de boîtes jaunes sont vendues chaque année, soit une boîte toutes les quatre secondes.

D'autres affichistes célèbres travailleront pour les cachous Lajaunie sur des thèmes liés au tabac : le bonbon sera « anti-nicotine, anti-microbien, recommandé aux fumeurs ». L'insouciante ignorance des publicitaires les conduira même à tourner, dans les années soixante, de petits films où le cachou Lajaunie, figuré par un petit Noir débrouillard, redonne souffle et tonus aux sportifs. On lit même dans un encart de l'époque qu'il « neutralise les principes nocifs de la nicotine et combat leurs terribles effets, cancer, aphtes, etc. » !

De 1970 à 1982, la marque choisit de mettre en valeur la petite boîte jaune. Apparaît alors dans le métro l'affichette « tchik-tchik » qui évoque le bruit caractéristique des cachous dans leur conditionnement.

Le coup de maître du cachou Lajaunie reste pourtant le spot publicitaire diffusé en 1985 et baptisé « Belle de Cadix ». En trois secondes, la plantureuse Kristen Hocking et son provocant décolleté font culminer les ventes. Ce spot, que l'annonceur refusa par deux fois sous prétexte qu'il était trop osé, obtint le prix de la meilleure publicité et reste, encore aujourd'hui, un véritable cas d'école.

Nés à Toulouse, les cachous n'ont jamais quitté leur ville. Dans l'usine des cachous Lajaunie, qui emploie une vingtaine d'employés, chaque boîte est remplie manuellement, à raison de 8 g par boîte, c'est-à-dire entre 260 et 272 grains. La première machine, apparue en 1980, ne sert qu'à apposer la bande de garantie sur chaque boîte. Au cachou traditionnel, qui reste le préféré des consommateurs, s'ajoutent le cachou réglisse-vanille et le cachou menthe. Le cachou sans sucre, créé en 1990 pour une clientèle essentiellement féminine, n'a pas rencontré le succès escompté et tend à disparaître des magasins.

Bonbonnière en écaille blonde incrustée de semis d'étoiles. Musée Cognacq-Jay, Paris.

Drageoirs et bonbonnières

De nos jours, les bonbonnières sont devenues objets un peu désuets. Naguère, il y en avait une dans chaque salon élégant mais les modes et les habitudes changent et l'on offre aujourd'hui les bonbons dans leur emballage. Il fut pourtant un temps où pas un seigneur ne serait sorti sans son drageoir en poche, sous peine de passer pour un fieffé mal élevé !

Un objet de grand luxe

Au Moyen Âge, friandises, dragées et « pois sucrés » de toutes sortes sont mets de rois. Le drageoir, ouvrage d'orfèvrerie conçu tout exprès pour contenir les friandises, était présenté aux convives en fin de repas ou disposé sur des dressoirs recouverts de fines serviettes blanches.

Toujours somptueux, le drageoir est un cadeau d'apparat que s'offrent volontiers souverains et grands personnages. Décrites avec force détails dans les inventaires de succession, les commandes, les mémoires, certaines pièces sont de véritables trésors qui représentent des sommes considérables. Ainsi, nous savons que Philippe le Bel racheta un « dragouer garny de plusieurs perles et pierries » que son père avait mis en gage pour douze mille ducats d'or. Il en existe de plusieurs modèles, en forme de corbeilles pourvues d'anses ou de hanap haut et largement évasé, tel celui que l'on peut voir sur la célèbre tapisserie de *la Dame à la Licorne* figurant la Gourmandise. La scène représente une gracieuse dame saisissant délicatement une friandise dans un drageoir présenté par une demoiselle agenouillée.

Drageoir de forme chantournée à fond noir avec décor d'oiseau en réserve. Musée Cognacq-Jay, Paris.

Un geste de courtoisie

Pouvoir offrir à tout instant une petite douceur à son entourage devint très vite un geste de courtoisie raffinée, auquel toute personne de qualité devait se plier. Ainsi naquit la mode des drageoirs de poche, minuscules boîtes rondes ouvragées que les dames portaient à la ceinture et les messieurs dans leurs chausses. En mourant, le duc de Guise serrait encore dans une main son drageoir d'argent (qui contenait ce jour-là des prunes confites de Brignoles), et Saint-Simon raconte que Louis XIV gardait toujours dans sa poche un drageoir rempli de dragées à l'anis qu'il appréciait fort. Ce n'est qu'au XVIIIe siècle que le drageoir tomba en désuétude et fut remplacé par la bonbonnière. Ces petites boîtes ouvragées ont pourtant le même usage et constituent, au même titre que les tabatières et les boîtes à poudre, des cadeaux diplomatiques de prix.

Les bergamotes

Dans l'histoire des bonbonnières, les « bergamotes » de Grasse, qui connurent la célébrité l'espace d'une mode, tiennent une place particulière. Il ne s'agit pas en effet d'objets somptueux ou coûteux mais de petites boîtes en carton moulé ou en bois léger, rondes pour la plupart, et dont l'intérieur était tapissé d'écorce de bergamote.
Le couvercle, recouvert d'une fine couche de plâtre, était décoré de motifs galants, de petits personnages, de scènes champêtres, dans l'esprit élégant et léger du XVIIIe siècle. Ces petites bonbonnières parfumées et insolites sont aujourd'hui exposées au musée de la Parfumerie à Grasse.

Les pastilles Vichy

Au début du siècle dernier, le chimiste Jean-Pierre-Joseph Darcet invente la pastille aux sels de Vichy. Mi-médicament, mi-friandise, le petit bonbon blanc de forme octogonale est fabriqué à plus d'un milliard d'exemplaires et continue de dispenser ses bienfaits à travers le monde.

La mode des pastilles

Les pastilles, terme générique désignant une famille de bonbons de sucre cuit et un procédé de fabrication, connaissent une vogue extraordinaire au XIXe siècle. Opaques ou transparentes, pâles ou colorées, voire bicolores (on les disait alors « coupées à la reine »), il en existe de toutes sortes. Les pastilles aux essences de fleurs – jasmin, jonquille ou coquelicot – remportent un vif succès. On en trouve d'autres parfumées aux sucs de fruits, joliment nommées « les Merveilleuses ».

Un bonbon de chimiste

Ce siècle est aussi celui du thermalisme. Les eaux de Vichy sont réputées pour leur action bénéfique sur les maladies du foie et les affections digestives. Darcet, éminent chimiste, réussit à extraire les sels minéraux de cette eau bienfaisante. Comment commercialiser cette découverte et la rendre largement accessible ? Les pastilles sont à la mode, pourquoi ne pas utiliser ce support gourmand ? Il crée donc la fameuse pastille dont l'originalité est de contenir tous les principes actifs de l'eau de source de Vichy. Aux sels minéraux recueillis après évaporation de l'eau, il ajoute des saveurs mentholées ou anisées.

Dans le laboratoire d'un pharmacien vichyssois, M. Bartillat, auquel Darcet cède sa formule, elle acquiert cette forme octogonale qui la fait reconnaître entre toutes, et elle

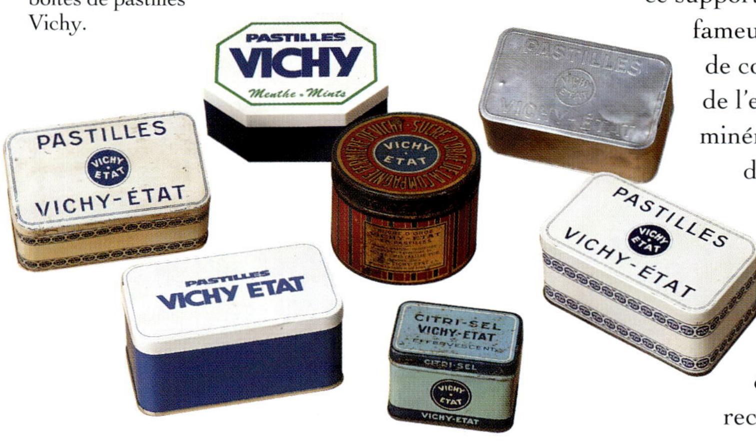

Les collectionneurs trouvent leur bonheur dans la variété des boîtes de pastilles Vichy.

remporte ses premiers succès : cinq mille bonbons sortent quotidiennement de l'officine en 1930. Quand les frères Bosson, nouveaux « fermiers » de l'établissement thermal, entreprennent de fabriquer eux-mêmes la pastille, ils créent dans l'ancien couvent des Célestins une véritable pastillerie et déposent la marque Pastilles Vichy. Celle-ci sera apposée au poinçon sur chaque bonbon.

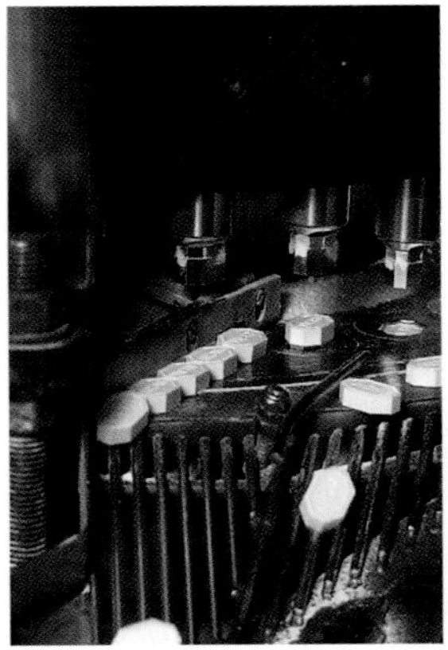

C'est dans une machine appelée « comprimeuse » que la pâte prend la forme d'une pastille octogonale.

Cure en pastilles

Prescrite par les médecins « pour combattre les aigreurs », la pastille aux sels de Vichy est devenue un article courant. Un décret impérial reconnaît même son originalité en 1862, à la demande de l'impératrice Eugénie, qui en fait grande consommation. À raison de huit pastilles par jour, et, ajouterons-nous, avec un peu d'imagination et en fermant les yeux, les médecins de l'époque vous garantissent les mêmes effets que ceux d'une cure aux établissements thermaux.

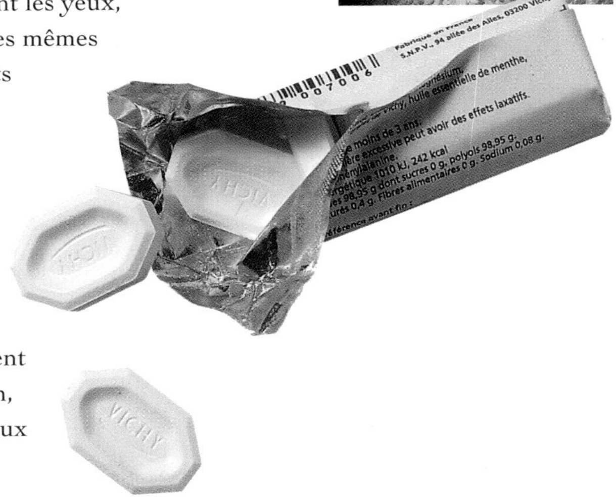

Au goût du jour

Les temps ont changé et la médecine aussi. On suce toujours les pastilles Vichy de par le monde ; mais la recette de Bartillat a été modifiée. Aux traditionnelles pastilles que l'on trouve encore en pharmacie s'ajoutent des pastilles nouvelle génération à l'aspartam, « Vichy forme », moins riches en sels minéraux et totalement dépourvues de sucre. Qu'en dirait notre bonne Eugénie ?

HARIBO
ZAN
HARIBO, C'EST BEAU LA VIE.
ET LES PETITS !
ZAN
AIN A LA RÉGLISSE
ÉGLISSE
AROMATISÉ MENTHE

La réglisse d'Uzès

Racine que l'on suce et mâche avec délices, petits losanges que l'on casse d'un coup de dents, souris molles qui teintent la langue, rubans souples enroulés autour d'une bille de sucre, la réglisse a le parfum de l'enfance, le goût des récréations, des premiers achats après la sonnerie de l'école.

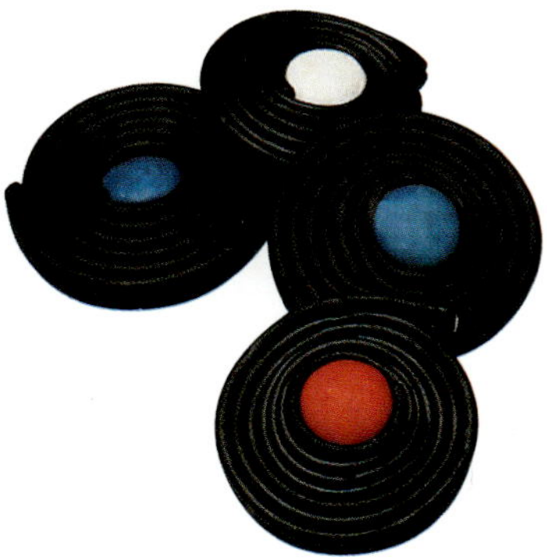

Pour quelques centimes, les rouleaux de réglisse ont fait le bonheur de générations d'enfants.

UN REMÈDE VIEUX COMME LE MONDE

Les Égyptiens et les Babyloniens l'utilisaient en macération avec d'autres plantes pour lutter contre la peste. Le naturaliste grec Théophraste l'associait au miel pour combattre les ulcères et la toux, et les soldats de Jules César calmaient leurs crampes d'estomac en la mâchant. Au Moyen Âge, elle tient une place de choix dans la panoplie des plantes curatives. Elle est, avec le miel, le seul édulcorant connu et soulage les maladies gastriques. Les médecins de la Renaissance, qui ont appris à en extraire le suc dont ils tirent une pâte qu'ils mélangent à du miel, la recommandent contre les maladies pulmonaires. « Vous plaît-il un morceau de ce jus de réglisse ? » demande Tartuffe à Elmire, qui tousse fort. On l'imagine tirant de sa soutane une bonbonnière remplie de sucre de réglisse de Blois, très réputé au Grand Siècle. Dissimuler sa gourmandise derrière les vertus thérapeutiques des austères bonbons noirs, voilà bien l'hypocrite !

Les racines de réglisse

La réglisse, cultivée sur le pourtour de la Méditerranée, se plaît dans les terres profondes et fraîches. Ce sont les racines que l'on consomme. Elles sont arrachées au début de l'hiver, trois ans après la plantation, et peuvent atteindre plusieurs mètres de longueur. Elles sont ensuite lavées, triées et séchées au soleil. Pour les stocker, on les coupe en morceaux de vingt à trente centimètres, puis on les conserve dans un endroit sec. Cette précaution est indispensable sous peine de voir les racines fermenter et prendre une vilaine couleur noire. Les morceaux les plus rectilignes sont utilisés tels quels, soit par les enfants qui les sucent, soit pour la composition de tisanes.

Les pionniers

À la fin du XVIIe siècle, un Anglais, George Dunhill, a déjà pressenti tout le bénéfice que l'on pouvait tirer des « douces racines ». Il fonda, dans le Yorkshire, la première fabrique de bonbons à la réglisse. Sait-on qu'aujourd'hui encore les Anglais sont les plus gros consommateurs de bonbons à la réglisse ? Un siècle et demi plus tard, en 1837, un industriel français, Ernest Barre, suit le même chemin et installe une usine « à vapeur », dans le Gard, à Moussac, près des principaux lieux de production et à proximité des ports. Mais il y perdra toute sa fortune, et sa fabrique sera vendue à la famille Deleuze.

En 1986, la société allemande Haribo rachète la marque Zan. Le groupe prend le nom « Haribo-Ricqlès-Zan ».

Bonbon des enfants pour la marque Zan, la réglisse est aussi une friandise de « grands », comme en atteste l'affiche ci-dessus qui met en scène l'empereur Napoléon méditant sur la vie.

Commence la grande époque de la concurrence. Isaac Carénou, qui est à l'origine de la firme Car, crée son usine, suivi par d'autres dont les noms sonnent familièrement à l'oreille : Florent, Coco Boer, et puis Zan, qui a conquis la célébrité suprême puisqu'il est entré dans le langage courant : un « bout d'Zan » désigne aujourd'hui encore une femme de petite taille.

La naissance d'une marque culte

« Maman, z'en veux ! Maman, donne moi-z'en ! » trépignait un petit garçon enthousiasmé par le plat que dégustait sa mère dans un restaurant. Cette petite scène amusa Paul Aubrespy et lui donna l'idée de baptiser « Zan » ses productions. Il déposa la marque en 1884 et, par mesure de sécurité, déposa également les marques Zen, Zin, Zon, Zun et Zyn. On n'est jamais trop prudent...

Les violettes de Toulouse

Lorsque en 1323 sept troubadours, désireux de protéger la culture occitane, instituèrent à Toulouse un concours annuel de poésie, l'Académie des jeux floraux, ils choisirent d'offrir au lauréat une violette d'or.

Violettes impériales

Dans le langage des fleurs, la violette symbolise la modestie. Pourtant, si humble et si discrète soit-elle, dans son petit habit couleur d'améthyste, elle est la fleur impériale par excellence. Comme le lys est symbole de l'Ancien Régime, la violette est indissociablement liée à l'Empire. De même qu'à la Révolution on mutila les statues des rois, de même, à la Restauration, on arracha des champs entiers de violettes, fleur fétiche de l'usurpateur. Il n'est donc pas étonnant que, quelques années plus tard, Napoléon III ait remis la fleur à la mode et que son épouse Eugénie ait été nommée « dame protectrice » de la Société d'horticulture de Toulouse.

Dans les bars à la mode, on déguste la liqueur de violettes *on the rocks* !

Un médicament souverain

Au Moyen Âge, le sucre violat était un médicament précieux. Cette boisson, concoctée dans les officines des apothicaires, était parée de mille vertus. On s'amusera à la lecture des principes bénéfiques que lui attribue Baptiste de Cavigioles au XVIe siècle : « Le miel violat vaut pour ramollir la voix, l'estomac et tout le corps et ainsi refroidit ilceux membres et tout le corps qui ne sont point naturelles et fait lâcher le ventre [...] Le rosat serre et le violat ramollit. » Pauvre violette au parfum si raffiné, réduite à calmer les douleurs de constipation !

L'heure de gloire

Une légende raconte qu'un soldat de retour de la campagne d'Italie, sous le Directoire, rapporta à sa belle une touffe de violettes de Parme. La fleur se plut si bien dans la région que les graines se répandirent un peu partout et que la plante y prospéra. L'histoire est jolie, mais on peut douter de son sérieux, car la violette de Toulouse et la violette de Parme sont parentes, certes, mais simplement cousines : la toulousaine est plus grosse, pourvue d'une fleur double, et sa couleur est plus foncée. En 1907, quatre cents exploitants vivaient de sa culture. Fraîches, les fleurs décoraient tables, chapeaux et robes. Mais c'est sous forme de bonbons qu'elles séduisirent les gourmands de l'époque. Depuis une vingtaine d'années en effet, et après bien des tâtonnements, le procédé de confisage des fleurs avait été mis au point.

Une entreprise unique au monde

À Toulouse, la maison Candiflor est la seule entreprise au monde à transformer toutes sortes de fleurs en bonbons. En raison de leur prix élevé et de la difficulté de leur fabrication, les violettes cristallisées sont surtout utilisées comme élément décoratif. Une fois équeutées, les fleurs sont trempées dans un sirop de sucre candi et de gomme arabique. Après avoir été saupoudrées de sucre glace, elles sont séchées, puis déshydratées pendant vingt-quatre heures. Après un second passage dans un sirop coloré et aromatisé, les fleurs sont étalées à l'air libre pour séchage. Elles sont ensuite conditionnées.

Chaque année, l'association Terre de violette organise une fête dans les jardins de la mairie de Toulouse. Les visiteurs viennent découvrir broderies, bonbons, liqueurs ou bijoux qui ont tous en commun la violette. Les commerçants font assaut d'imagination pour décorer leurs vitrines. Toutes les grandes toques toulousaines créent, à cette occasion, une spécialité culinaire à base de violettes.

Délices fruitées

Fruits confits, pâtes de fruits

Le confiseur est un magicien. Il arrête le temps et cherche à offrir une touche d'éternité à l'abricot velouté, à la fraise vermeille ou à la poire parfumée. Non content d'abolir les saisons, il se fait artiste et transforme les fruits de nos vergers en merveilles transparentes et colorées, en pâtes tendres et fondantes, si jolies parfois que l'on hésiterait presque à y porter les dents.

Le cotignac d'Orléans

Dans sa petite boîte ronde en épicéa, qu'un jeune nigaud prendrait pour la boîte d'un minuscule camembert, se cache un savoureux trésor : une pâte de coing d'un beau rouge foncé que l'on lèche lentement, avec délices. Cet ancêtre du roudoudou est l'une de nos plus anciennes friandises.

MILLE ET UNE VERTUS

C'est le latin *cotoneum* (« coing ») qui a donné le mot « cotignac » (dont le Littré nous apprend qu'on ne prononce pas le *c* final), par l'intermédiaire du provençal *coudougnat.*

La pâte de coing est mentionnée dans de nombreux traités. Un ouvrage gastronomique en vante ainsi les vertus : « Le cotignac est astringent si on le prend à l'entrée du repas, il fortifie l'estomac, aide à la digestion, garantit les têtes des fumées qui montent au cerveau après avoir bu. Au contraire, s'il est pris après, il lâche le ventre insensiblement et peu à peu, sans l'offenser. »

ROYAL PRÉSENT

Très tôt, Orléans attache son nom au cotignac. Il faut dire que le sol et le climat de la région conviennent parfaitement à la culture du cognassier. La pâte de coing dont Orléans va tirer sa spécialité fera les délices des seigneurs et des têtes couronnées, de Marguerite de Navarre à François Ier, de Louis XV à la Du Barry, et bien plus tard celles d'Alexandre Dumas, qui l'appréciait fort. Fière de sa spécialité, la ville

L'arrivée des confiseries gélifiées a bouleversé le petit monde des bonbons bon marché. Le roudoudou n'a pas survécu à la concurrence des nouveaux venus, plus sucrés, plus variés et plus attirants.

COTIGNAC
D'ORLEANS
B. GOUCHAULT
Confiseur
22 g

d'Orléans offre à tous les grands de passage quantité de cotignacs. Ainsi, en 1576, la cité en offrit trente-huit douzaines au roi, à la reine et aux gens de cour qui les accompagnaient. Que l'on sache seulement que les comptes de la ville mentionnent un cadeau de vingt-quatre boîtes de cotignac pour lesquelles il n'avait pas fallu moins de mille neuf cent soixante-quinze coings et soixante-seize livres de sucre, et l'on imaginera mieux la valeur et l'importance du présent.

Grand seigneur et beau joueur

La petite boîte ronde est un vrai péché mignon. L'anecdote qui suit donne à penser que l'une de ses vertus cachées, et non des moindres, était de développer le sens de l'humour de ses adeptes : on raconte que François Ier, visitant impromptu sa maîtresse, Mme d'Étampes, sut qu'un autre seigneur, Brissac, était caché sous le lit de la dame. Il demanda qu'on lui servît des confitures, et, dégustant un cotignac qu'il trouvait délicieux, il en jeta une boîte sous le lit en disant : « Tiens, Brissac, il faut que tout le monde vive ! »

Caprices de princesses

Fallait-il qu'elles soient gourmandes, ces petites princesses pour réclamer avec tant d'insistance des boîtes de cotignac. L'anecdote qui suit en apporte la preuve. Une nuit, l'évêque d'Orléans, Mgr de La Jarente, fut réveillé en plein sommeil par un messager du roi Louis XV. Celui-ci lui demandait d'envoyer sur-le-champ quérir à Orléans (l'évêque résidait

Fabrication du cotignac

Pour obtenir le jus de coing, on fait cuire les fruits bien mûrs dans l'eau bouillante. Une fois filtré, le jus de coing est additionné de sucre et de pectine. Il cuit dans une grande bassine en cuivre pendant près de deux heures jusqu'à la nappe. En fin de cuisson, on y ajoute un peu de colorant (cochenille broyée) qui lui confère une belle couleur rouge-orangé. La préparation est alors versée par petites quantités dans un grand entonnoir qui permet de remplir les petites boîtes en bois d'épicéa. Il ne reste plus qu'à laisser refroidir et à déguster avec le couvercle que l'on casse en deux et que l'on utilise comme cuillère. À cette technique traditionnelle, beaucoup d'enfants préfèrent la méthode « roudoudou », qui consiste à lécher le contenu de la boîte avec ardeur !

En période de fête, ce sont plus de cinq cents boîtes qui sont remplies manuellement chaque jour.

à Paris) de « très petites boîtes de cotignac » pour satisfaire la gourmandise de ses filles. Courtisan zélé, l'évêque s'exécuta avec empressement. Quelques dizaines d'années plus tard, Dumas donna dans son *Grand Dictionnaire de cuisine* une recette de cotignac qu'il tenait, disait-il, du célèbre gastronome Grimod de La Reynière, neveu direct de notre évêque.

Les fruits confits d'Apt

« Confire un fruit, c'est remplacer son eau de végétation par un sucre assez cuit pour assurer sa conservation, tout en lui conservant le plus possible de saveur », précise un texte officiel de 1909. En quelques mots, voici lancé le défi que de multiples confiseurs ont tenté de relever depuis l'Antiquité.

Beaux et bons à la fois

« Sophie hésita un peu, elle examinait lesquels étaient les plus gros ; enfin elle se décida pour une poire et un abricot. Paul choisit une prune et de l'angélique. »

Qui n'a un jour, comme la Sophie de la comtesse de Ségur, hésité, tergiversé, souffert presque devant une sublime corbeille de fruits confits ? Tiraillé d'un côté par l'envie impérieuse de planter les dents dans la chair fondante et moelleuse des fruits et de l'autre par le plaisir de contempler la splendeur des couleurs, la rondeur des formes, on ne sait plus à quel saint se vouer. Pour surmonter ce dilemme, il faut savoir dévorer des yeux avant de succomber à la tentation.

Une technique de conservation ancestrale

À l'origine, le confisage des fruits est plutôt destiné à conserver des denrées périssables qu'à produire des friandises. Confits dans le sucre, les fruits si fragiles pouvaient se garder des mois, voire des années, sans s'altérer. On pouvait ainsi, en toute saison, déguster figues, pommes, prunes ou poires. D'Apicius à Olivier de Serres en passant par Nostradamus, les traités de gastronomie nous donnent mille et une recettes de fruits confits. L'engouement est d'autant plus grand que les médecins estiment,

en ce temps-là,
la consommation de fruits frais dangereuse pour la santé.
La précision des renseignements fournis par les textes nous permet d'affirmer que dès 1600, la technique du confisage est parfaitement maîtrisée.

Dès le mois d'octobre, c'est l'effervescence chez les confiseurs.
Les fruits confits font partie des treize desserts de Noël, tradition à laquelle les Provençaux restent très attachés.
Réunis en famille autour du gros « souper », ils partagent nougat, figues sèches, calissons, fruits confits… treize desserts symbolisant le Christ et les apôtres.

RÉPRESSION DES FRAUDES

Au Moyen Âge, les fruits confits sont sur toutes les tables d'apparat et constituent, à l'instar des dragées, un cadeau réservé aux hôtes de marque. En 1680, Antoine de Savoie, gouverneur de la ville de Nice, offrit à son frère Gabriel « six boîtes de *frutti confetti fini* » à 14 sols la boîte. À ce prix, on ne badine pas avec la qualité ! Ainsi, un peu scrupuleux confiseur vénitien qui avait livré deux fûts de gingembre confit fut condamné à reprendre sa marchandise parce qu'il avait utilisé un sirop à base de miel et non de sucre. Pis, l'objet du délit fut brûlé en place publique !

« APT, VRAI CHAUDRON À CONFITURES, EST UNE CHARMANTE PETITE VILLE… »

Ainsi débute une lettre de Mme de Sévigné. Nous sommes en 1667, mais depuis bien longtemps déjà Apt est célèbre pour ses fruits confits ; elle partage cette renommée avec Nice et Aix-en-Provence. Si l'art du confisage a atteint la perfection dans le sud-est de la France, c'est que l'on y trouve, à portée de main, une multitude de fruits – melons, poires, abricots, figues, pêches – qui se prêtent merveilleusement au confisage. Une tradition locale raconte même qu'en 1343 le pape Clément VI aurait choisi pour « écuyer en confiserie » un Aptésien. C'est probablement d'ailleurs du séjour des papes en Avignon que date la renommée des fruits confits d'Apt. Le même Clément VI commandait chaque année vingt-trois litres de fruits confits pour sa consommation personnelle.

Les papes aujourd'hui ne sont plus si gourmands, mais la cité vauclusienne continue d'exporter de par le monde ses friandises. Les Anglo-Saxons sont, de loin, les plus grands consommateurs de fruits confits d'Apt, qu'ils incorporent à leurs cakes et à d'autres pâtisseries.

L'art du confisage

Le principe du confisage consiste à remplacer le liquide cellulaire contenu dans le fruit par un sirop de sucre. Cet échange s'opère en plaçant les fruits toutes les vingt-quatre heures dans des bains de sirop dont la concentration en sucre est graduellement augmentée. Entre chaque bain, les fruits reposent dans de grosses terrines en grès, immergés dans le sirop. Le nombre de bains est variable selon la nature du fruit. Il faudra cinq ou six jours pour confire des bigarreaux et plusieurs mois pour confire un cédrat ou une mandarine. Le glaçage confère aux fruits un aspect lisse et permet de les saisir sans se poisser les doigts. Les fruits destinés à la pâtisserie sont traités selon une méthode plus moderne qui permet de traiter une grosse quantité de fruits en une seule fois et de réduire très sensiblement le temps de confisage.

Les marrons glacés

Dans le petit monde des friandises, le marron glacé occupe une place à part. Sa confection, longue et délicate, en fait un produit onéreux que la tradition réserve presque exclusivement à la période de Noël. Il est sans conteste le seigneur des fruits confits.

N'EST PAS MARRON GLACÉ QUI VEUT

Tous les marrons ne sont pas bons à confire. Les fruits utilisés doivent répondre à des critères bien précis, car la mauvaise qualité se retrouve immanquablement lors du confisage. Le marron doit être bien bombé, moelleux et sans rides trop profondes. Trop friable, il se brise à la moindre manipulation ; trop gros, il sera farineux. *Petite pourette, bouche-rouge, aguyane, comballe* désignent les meilleurs variétés françaises que l'on trouve en Ardèche. Mais elles ne suffisent pas aux besoins des confiseurs. La plupart des marrons sont importés d'Italie, qui produit deux variétés excellentes, le naples et le turin.

LE MARRON GLACÉ SE DÉMOCRATISE

La culture du châtaignier, héritée des Romains, s'est développée sur les sols pauvres de l'Ardèche. L'« arbre à pain », comme on le nomme, y pousse en abondance. Fort de cette constatation, Clément Faugier, ingénieur des ponts et chaussées, pense pouvoir exploiter judicieusement ce « trésor naturel » et relancer l'économie de la région, qui subit une crise grave. La sériciculture (culture du ver à soie), qui faisait vivre une bonne partie de la population, est en pleine déconfiture, réduisant au chômage un grand nombre de personnes. Faugier s'associe alors avec quelques confiseurs privadois et crée une fabrique de confiserie qui se spécialise dans la confection à grande échelle de marrons glacés.

Épluchées, ébouillantées, brossées, puis pelées à nouveau, les châtaignes sont prêtes pour le confisage.

La main-d'œuvre est toute trouvée, et les ouvrières qui, quelques années plus tôt, dévidaient les cocons de soie dans des bains d'eau bouillante manipulent avec la même dextérité les marrons qu'il faut éplucher un à un.

Privas-Zanzibar aller et retour

Le deuxième défi que relève Clément Faugier est celui de la conservation. Pour exporter ses marrons hors d'Ardèche et à l'étranger, il doit régler le problème de l'emballage. Il met au point un procédé de conservation sous vide et pousse le souci de la perfection jusqu'à vérifier l'efficacité de son système en temps réel : il envoie par bateau des caisses de marrons glacés à un ami installé à Zanzibar, à charge pour celui-ci de renvoyer les colis par le même chemin. De ce long voyage en bateau à voile, les marrons reviendront intacts. L'expérience est une réussite totale.

Pas moins de vingt manipulations pour confectionner un marron glacé de qualité

Les marrons sont triés un par un pour éliminer ceux dont la forme et la taille ne conviennent pas. Une fois brossés et épluchés, ils sont enveloppés deux par deux dans un carré de tulle puis plongés dans l'eau bouillante, où ils cuisent pendant une durée très précise, calculée selon la maturité et le calibrage.

Une fois déballés de leur protection de tulle, ils sont à nouveau triés. Seuls les marrons intacts sont retenus pour le confisage. Cette délicate opération consiste à faire pénétrer le sirop de sucre au cœur du fruit. Une nouvelle fois, au terme de cette opération, on élimine les marrons imparfaits. Seuls les plus beaux seront glacés, puis séchés au four.

Les règles d'or du marron glacé

- Le glaçage doit être fin ; la pellicule de sucre ne forme pas une croûte mais un voile léger sur le fruit, qui doit paraître légèrement translucide.
- À la coupe, le marron est humide de sirop jusqu'au cœur.
- Le marron glacé est un produit frais qui supporte mal les écarts de température.

À la chaleur, le glaçage fond, et une ambiance trop humide favorise l'apparition de moisissures. Correctement stockés à 10 ou 15 °C, les marrons glacés se conservent plusieurs semaines.

Dans l'atelier de la maison Sabaton, chaque étape de fabrication est confiée aux mains expertes des ouvrières. Les manipulations sont nombreuses et délicates. Les marrons sont enveloppés deux par deux dans un voile de tulle avant d'être cuits. Après cette opération, les plus beaux sont glacés, puis déposés sur une grille. Ils sont arrosés de sucre, puis séchés au four. Emballés un à un dans un papier aluminium doré, ils sont rangés dans des coffrets de bois.

La trêve des confiseurs

Ô grand saint Nicolas, patron des écoliers,
Apportez-moi des pommes dans mon petit panier,
Je serai toujours sage comme un petit mouton,
Je dirai mes prières pour avoir des bonbons.
Ainsi chantaient les petits enfants, dans l'attente du grand jour.

Le 6 décembre, les saints Nicolas en chocolat, en pain d'épices ou en sucre attisent la gourmandise des petits Lorrains.

La trêve des confiseurs

Quand la vie politique et économique du pays entre en demi-sommeil, à l'approche de Noël et du jour de l'An, on parle de trêve des confiseurs. Les fêtes de fin d'année sont en effet pour les confiseurs des périodes d'activité intense. De manière générale, la moitié de la production de friandises s'écoule entre la mi-décembre et la première semaine de janvier. Certaines spécialités, comme le marron glacé, ne se vendent pratiquement qu'à cette période de l'année. Il en est de même des traditionnelles papillotes qui apparaissent en fin d'année dans toutes les confiseries de Lyon et de l'est de la France.

Le bon saint Nicolas, patron des confiseurs

Né à Patras vers 270, il fut évêque de Myra. Emprisonné par Dioclétien, il mourut en 342 et son tombeau devint un lieu de pèlerinage. Ses reliques furent plus tard transférées à Bari, en Italie, où elles continuèrent d'être vénérées. Une odeur de myrrhe s'échappait de son sarcophage et vivifiait ceux qui l'approchaient. Il doit son immense popularité à un autre miracle, qui fit de lui le sauveur de trois enfants qu'un méchant boucher avait coupés

en morceaux et mis au saloir. De tous les saints protecteurs, il est au Moyen Âge l'un des plus importants. Les images le représentent apportant cadeaux et friandises. Aujourd'hui encore, sa fête, célébrée le 6 décembre, est un grand moment de réjouissances dans les pays nordiques et dans l'est de la France. Dans la tradition alsacienne, saint Nicolas va par les rues avec son âne chargé de friandises, de pains d'épices et de menus joujoux qu'il offre en récompense aux enfants sages qui savent réciter leurs prières. Son compagnon, le père Fouettard, se charge, lui, de corriger les vilains enfants et leur donne, en guise de cadeau, des morceaux de charbon de bois.

Père Noël et compagnie

Grand dispensateur de bonbons et de friandises, le Père Noël est un personnage qui nous vient des pays anglo-saxons. En dépit de son grand âge et de sa barbe vénérable, il fait figure de nouveau venu dans la tradition française. Certaines personnes bien pensantes s'émurent de cette intrusion jugée « païenne ». Trouvant par ailleurs Saint Nicolas « trop protestant », elles tentèrent de le remplacer par le « petit Jésus ». On chantait en Picardie une petite comptine qui se terminait ainsi :

Petit Jésus est venu
Pour nous il est descendu
Avec joujoux et macarons
Et gros cornets de bonbons.

Les pâtes de fruits

Au Moyen Âge, on les appelait « confitures sèches ». Si elles constituaient à l'époque un sûr moyen de conserver les fruits et de les consommer en toute saison, elles devinrent très vite un mets de choix, présent sur toutes les tables princières.

Une grande spécialité auvergnate

Les pâtes de fruits ont une région de prédilection : l'Auvergne. Elles sont depuis plusieurs siècles un des fleurons de la gastronomie locale. Les coteaux de la Limagne, la nature volcanique du sol confèrent aux fruits récoltés en Auvergne des qualités de finesse et de saveur incomparables. Ainsi, les confiseurs de Clermont et de Riom ont toujours eu à portée de main une « matière première » de choix. Au XVIe et au XVIIe siècle déjà, la pâte de pommes et la pâte d'abricots de la capitale auvergnate jouissaient d'une renommée quasi nationale. Ni la Révolution ni le Blocus continental n'affaiblirent cet artisanat dont la progression fut toujours constante. Aujourd'hui encore, la production de cette spécialité cinq fois séculaire se chiffre en dizaines de tonnes.

Les meilleurs fruits pour les meilleures pâtes

Urbanisation oblige, de nombreux vergers ont dû céder la place au béton, mais fraises et poires sont restées une spécialité de la région. Tous les autres fruits sont soigneusement sélectionnés (clémentines corses, abricots rosés de Provence). Des confiseries aussi célèbres que la maison Vieillard (fondée en 1781, la plus ancienne de France !) doivent leur réputation d'excellence à l'extrême rigueur qui préside à la sélection des fruits. Quels que soient les confiseurs interrogés, tous vous répondront

Afin d'éviter
aux gourmands
le désagrément
de se poisser
les doigts
en les dégustant,
le confiseur enduit
les pâtes de fruits
d'une fine couche
de sucre cristallisé.

que la qualité des pâtes de fruits repose sur le choix des pulpes utilisées. Les meilleurs fruits donneront les meilleures pâtes de fruits. Vient ensuite le savoir-faire de l'artisan, dont tout l'art est de trouver l'équilibre exact entre le sucre et la saveur naturelle du fruit, que l'on doit retrouver intacte à la dégustation. L'amateur de pâtes de fruits sourira à la lecture de ces lignes, car il sait, mieux que tout autre, la déception, voire la tristesse, dans laquelle nous plongent certaines confiseries dont on croyait se régaler. Excès de sucre qui masque le goût du fruit au point de le rendre méconnaissable, arômes artificiels qui ont la subtilité d'une pâte dentifrice pour enfants… la liste des déboires est longue.

C'est à l'abbaye de Valognes, dans la Manche, que les sœurs bénédictines, sous la direction de sœur Marie-Samuel, confectionnent de délicieuses pâtes de fruits traditionnelles.

Ce qu'il faut savoir

- Le terme « pulpe de fruits » désigne la partie comestible des fruits frais, réduite en purée et conservée par appertisation ou par le froid, sans addition d'antiferments.
- Le poids de la pulpe de fruits doit représenter 50 % au moins du poids du produit final.
- L'extrait sec ne peut être inférieur à 75 %.
- Une pâte de fruits contenant une seule pulpe de fruit est désignée sous le nom de ce fruit : pâte d'abricot, pâte de pomme…
- Une pâte de fruits contenant plusieurs pulpes de fruits est désignée par la mention : « pâte de fruits (tel fruit) », ou « pâte de fruits, arôme (tel fruit) », le nom du fruit cité correspondant à la pulpe présente en plus grande proportion ou à celui qui aromatise le produit (exemple : « pâte de fruits, cassis » ou « pâte de fruits, arôme cassis »).

Les papillotes de Lyon

Les papillotes sont une spécialité traditionnelle de la région lyonnaise ; elles font leur apparition en fin d'année. On trouve des papillotes bon marché dans les grandes surfaces, des papillotes de luxe chez les confiseurs, mais elles ont toutes en commun ces jolis papiers colorés qui en font tout le charme.

Un double plaisir

Enveloppées dans des papiers multicolores et bruissants, frangés à leurs extrémités, les papillotes renferment des friandises variées : fondants, pâtes de fruits, chocolats fourrés ou nougat. Mais là ne s'arrête pas la surprise, car chaque bonbon est accompagné d'une petite devise, d'un rébus ou d'un dessin humoristique imprimé sur un fin papier paraffiné. Comme pour le Caram'bar de notre enfance, la lecture à haute voix de cette prose de bazar est un des plaisirs, et non des moindres, de l'époque bénie des papillotes.

Le commis amoureux

L'origine du mot « papillote » découle probablement de la forme même de la friandise et de son enveloppe de papier tordu aux deux extrémités pour former deux ailettes colorées qui évoquent les ailes d'un papillon. Mais cette étymologie trop évidente ne satisfait pas les amateurs de légendes, et l'histoire de la papillote, telle qu'on la raconte à Lyon, est beaucoup plus savoureuse. Au XVIIIe siècle, un confiseur du nom de Papillot tenait boutique à Lyon, dans le quartier des Terreaux. Il s'aperçut que certaines friandises disparaissaient régulièrement de la boutique. Menant sa petite

enquête, il surveilla son commis et découvrit qu'il dissimulait les douceurs dans de tendres billets qu'il offrait ensuite à sa belle. L'affaire coûta sa place au jeune homme, mais son ingénieux subterfuge fut adopté par le confiseur.

ATTENTION, COSAQUES !

On distingue les « cosaques » des autres papillotes à leur papier à deux couleurs (dont une est or). Mais, dans le chatoiement bigarré du paquet, elles sont difficiles à identifier. Ces papillotes ne recèlent ni rébus ni devinette mais un pétard constitué de deux petites bandes de carton jointes bout à bout par une goutte de mélange détonant. Lorsqu'on tire chaque extrémité de la bandelette, le cosaque claque, à la grande joie des enfants.

L'emballage des papillotes (ci-dessus) est réalisé mécaniquement, sauf pour les fameux cosaques, pour lesquels le pliage à la main est obligatoire.

Une tactique commerciale qui a fait ses preuves

L'idée d'envelopper une friandise dans une devise ou dans une maxime n'est pas nouvelle. Elle donne un attrait supplémentaire à la douceur et fut bien souvent utilisée par les confiseurs comme une astuce commerciale déguisée. On vit ainsi apparaître des bonbons enveloppés de rébus dont la solution se trouvait dans un autre bonbon du même paquet. Aiguillonnés par la curiosité, les gourmands consommaient sans modération. Les créateurs du célèbre Caram'bar, né en 1954, améliorèrent avec succès cette idée en inventant les points DH que les enfants devaient collectionner. Les points furent plus tard remplacés par des histoires drôles, les fameuses « blagues Caram'bar », qui sont, dans le langage des enfants d'aujourd'hui, l'équivalent de l'humour de l'almanach Vermot de nos grands-mères !

Les pruneaux de Tours

« Pruneaux de Tours, pruneaux, là qui en veut, qu'on se délivre, Je les vends huit tournois la livre », criaient les petits vendeurs du Paris d'autrefois. Las ! aujourd'hui, les pruneaux de Tours viennent d'Agen. Qu'on se console en dégustant les incomparables pruneaux farcis.

Le pruneau farci à la tourangelle

À l'instar de son cousin d'Agen, le pruneau de Tours est à l'origine d'une délicieuse confiserie. Le pruneau est soigneusement dénoyauté, puis farci d'une pâte moelleuse composée de pulpe d'abricot et de compote de pommes flambées au rhum. Cette délicate et goûteuse friandise doit être dégustée sans attendre, car elle se conserve peu de temps, un mois tout au plus.

Les meilleurs pruneaux d'Europe

Le « délicieux pruneau de Tours », chanté et loué par maints gastronomes, est réputé depuis le XVIe siècle. Sa renommée, qui avait déjà à l'époque gagné Paris, en faisait un produit de luxe. Dans un texte datant de 1698, tiré des *Nouvelles Instructions pour les confitures, les liqueurs et les fruits,* on apprend ainsi que « l'on envoie des Prunes de Tours à Paris par le messager, les mettant dans une boîte pleine de ouate, et chacune enveloppée encore séparément avec de la ouate. Mais, ajoute l'auteur, cet expédient est cher. » Elles sont pourtant acheminées dans toute la France et même « aux pays étrangers, particulièrement à la faveur du fleuve Loire », écrit le carme Martin Marreau qui décerne aux « bons pruneaux de Tours » le titre de « meilleurs pruneaux d'Europe ».

Une préparation longue et délicate

La variété de prune cultivée pour les pruneaux était la sainte-catherine. Certains villages du Chinonais, comme Huismes et Montsoreau, s'en étaient fait une spécialité. Au mois de septembre, « quand la prune est moelleuse à la toucher doucement, et que la queue s'en détache », on tendait sous les arbres de grandes couvertures. Les fruits étaient ensuite rangés sur des claies d'osier, les rondeaux. Les rondeaux étaient ensuite placés dans des fours préchauffés et on laissait cuire les prunes pendant six heures. Ce temps écoulé, on éliminait les fruits éclatés, puis on recommençait l'opération à quatre reprises, dans les mêmes conditions. Pour vérifier la température du four, les « cuisiniers de prunes » avaient l'habitude de cracher sur la porte en tôle. En observant le comportement de la traînée de salive, ils pouvaient juger rapidement si le four était à point ! Pour le « bouillon », ou cinquième chauffe, on augmentait encore la température jusqu'à ce que les parois du four fussent blanches. Quand on sortait les prunes, elles étaient recouvertes d'une fine poussière blanche : la fleur.

Le pruneau d'Agen se transforme à Tours en pruneau farci à l'abricot.

Le cousin d'Agen

Rendons à César ce qui est à César et à Villeneuve ses pruneaux. Agen s'est en effet contentée d'exporter la production de toute une région dont le centre était Villeneuve-sur-Lot. Depuis son port sur la Garonne, les pruneaux partaient en direction de Bordeaux. Le port a disparu, les pruniers fleurissent toujours autour de Villeneuve, mais on parle toujours des pruneaux d'Agen.

Miel

Gourmandises craquantes

La magie des fruits secs

Noix, noisette, châtaigne et la plus précieuse de toutes, l'amande, racontent une belle page de l'histoire de la confiserie. Enrobés de miel, puis de sucre, les fruits secs sont à l'origine des plus anciennes friandises et des plus célèbres. Pralines, dragées, nougats ou massepain, ces douceurs tantôt craquantes, tantôt tendres et moelleuses sont, pour chacun de nous, des petites parcelles de souvenirs d'enfance.

Les calissons d'Aix

Son cœur moelleux
et fondant fait d'amandes
et de melon confit, son petit
manteau de sucre poli,
son fin support de pain
« à chanter » n'ont
qu'un ennemi, le temps.
Une prudence extrême
doit donc guider l'acheteur,
car rien n'est plus décevant
qu'un calisson fatigué.

Le sourire d'une reine

Des miracles, le calisson en a opéré un certain nombre, dont le moindre n'est pas d'avoir déridé l'austère et grognon Jeanne de Laval. La légende raconte en effet que, le jour de ses noces avec le roi René, goûtant pour la première fois le petit biscuit aixois, Jeanne, devant l'assistance médusée, sourit. L'événement était si remarquable qu'un invité, se penchant vers son voisin, s'enquit : « Que déguste notre reine avec tant de plaisir ? – *Di calin soun* » (« Ce sont des câlins »), répondit celui-ci. Ainsi naquirent les calissons, du sourire d'une reine. De là à chercher dans la forme de cette friandise l'esquisse du sourire de la Dame, pourquoi pas ?

Le calisson contre la peste

Deux autres hypothèses ont été avancées pour expliquer l'origine du mot « calisson ». L'une nous ramène à la terrible épidémie de peste qui ravagea la ville en 1630 : pour garantir les fidèles contre l'infection, des petits biscuits de massepain, bénis par l'archevêque, leur étaient présentés dans des calices, en lieu et place des hosties. Le prêtre appelait l'assistance avec les mots *venite ad calicem* et l'assistance répondait, en provençal bien sûr, *Venes toui i calissoum.* Le mot *calissoum,* par altération,

Sous une fine couverture de glace royale, amandes et fruits confits vivent depuis plusieurs siècles une grande histoire d'amour.

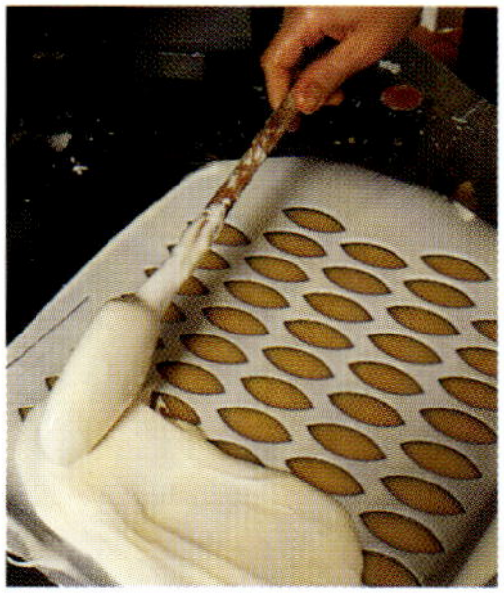

serait devenu « calisson ». L'autre nous est donnée par Frédéric Mistral, pour qui le mot « calisson » dériverait du mot *canissoun,* petit clayon de roseaux tressés sur lequel les pâtissiers déposaient leurs gâteaux.

La mère du calisson

Si la reine Jeanne est la marraine légendaire du calisson, une autre femme, Stéphanie Bicheron, en est la mère véritable. C'est elle qui est à l'origine du succès du petit biscuit, qu'elle fit connaître à toute la France en ouvrant, en 1854, une confiserie entièrement consacrée à cette douceur. Fidèles à Stéphanie, huit calissonniers perpétuent à Aix la grande tradition des calissons. Chacun y apporte sa touche personnelle.

Le premier secret d'un grand calisson réside dans la qualité des amandes et des fruits confits.

Amande amère et amande douce

Fruit de l'amandier sauvage, l'amande amère s'utilise avec parcimonie, car elle contient de l'acide prussique, toxique à haute dose. Commercialisée sous forme d'essence, elle rehausse le goût des préparations à base d'amandes.
L'amande fraîche arrive sur les marchés en juin et en juillet. Parmi toutes les variétés d'amandes douces, la princesse est la plus réputée, et tous les calissonniers reconnaissent son excellence. Elle est malheureusement très précoce, ce qui la rend plus sensible au gel que d'autres. En une seule nuit, la production d'une année peut être anéantie. L'époque où Aix était la capitale du négoce de l'amande est bien révolue, et les casseries, florissantes au siècle dernier, ont disparu. La production française est largement inférieure à la demande des confiseurs, qui se fournissent en Italie ou même en Californie.

Les dragées de Verdun

Au XVe siècle, les marchands d'amandes ambulants appelaient les commères avec ce petit refrain :

Assez mal vit qui ne s'amende
Bonnes femmes, où êtes-vous ?
Amendez-vous, amendez-vous,
Amandes douces, amandes.

Les splendides dragées argentées sont brassées avec de la vraie feuille d'argent.

UN CONTE D'APOTHICAIRE

La dragée est née au Moyen Âge, chez un apothicaire de Verdun. Il eut, le premier, l'idée d'enrober ses médications d'une couche de sucre pour en masquer le goût. D'autres méthodes avaient été utilisées auparavant pour faire passer la pilule : ainsi, on enveloppait dans du pain azyme les préparations présentées sous forme de pâte. Mais, outre que la potion était difficile à avaler, elle se conservait fort mal. Dans son petit habit sucré, le médicament devenait presque friandise. Quoi d'étonnant alors qu'un épicier de la ville reprenne l'idée à son compte et imagine d'utiliser la même technique pour enrober amandes ou grains d'anis ? La dragée était née ; elle fit le tour du monde.

TRAITEMENT DE BEAUTÉ

Il faudra cependant attendre 1750 et l'illustre confiseur parisien Pécquet pour que la dragée prenne l'aspect que nous lui connaissons aujourd'hui. Avant cette date, la dragée tient plus de la praline un peu rugueuse que du joli bonbon lisse et satiné de notre enfance. Un siècle plus tard, M. Moulefarine inventa

Fondée en 1783, la maison Braquier reste fidèle à la tradition. Dans l'atelier, des turbines de cuivre, semblables à celle qu'inventa M. Moulefarine, tournent inlassablement dans un vacarme assourdissant.

la première turbine à dragées, qui permit d'obtenir un brassage régulier et homogène des amandes et du sirop de sucre.

Au Moyen Âge, toute sucrerie est considérée comme un cadeau de valeur, les dragées de Verdun représentent un véritable luxe. Il est d'usage, à la fin des fastueux repas royaux ou seigneuriaux, de grignoter les fameuses « épices de chambre », composées d'épices, de fruits secs et d'écorces confites enrobées de sucre cuit. On appelle alors indifféremment « dragées » ou « pois sucrés » toutes ces friandises. L'histoire de Verdun se déroule au rythme des dragées. Tout visiteur de marque se les voit offrir en présent. Pas un mariage, pas un baptême royal ou la dragée de Verdun n'ait sa place.

Tout est dans le noyau

L'amande qui constitue le noyau de la dragée doit être d'excellente qualité.

Les *avolas,* qui sont sans doute les meilleures, viennent de Sicile. De forme parfaite, légèrement aplaties, effilées aux extrémités, elles ont de plus l'avantage d'être très sèches et de se conserver très longtemps. On utilise également les *planetas* de la région d'Alicante, en Espagne. Très goûteuses, elles sont un peu plus grasses et se conservent un peu moins bien. Triées, séchées, gommées, les amandes sont ensuite enrobées de sucre. Cette opération dure une journée, pendant laquelle le noyau recevra de trente à soixante couches de sucre successives. Le lissage donnera à la dragée l'aspect satiné que nous connaissons.

La punition de Pierre Host

Au XVe siècle, à Cambrai, lors de son mariage avec Guillaume IV de Hainaut, Marguerite de Bourgogne commanda à un certain Pierre Host, bouffon à la cour du hainaut, de distribuer au peuple des dragées de la part des nouveaux mariés. Mais le bonhomme, après avoir bu « moult cervoise et hydromel », s'endormit dans un petit bois. Des enfants en profitèrent pour lui voler le précieux butin. Pour punition, Pierre Host fut promené dans la ville, tout vêtu de blanc. Cet événement est commémoré le premier dimanche d'août, lors du carnaval de Le Quesnoy : on y promène, sous une pluie de bonbons, un mannequin, surnommé Pierrot Bimberlot.

Dans l'atelier, une poussière de sucre se dépose sur les hommes et les objets en une fine pellicule.

L'origine du mot

L'origine du mot « dragée » est assez incertaine. Certains en recherchent l'étymologie dans le terme grec *tragema* (« friandise ») qui se serait altéré en *dragie*. Il est possible également que ce mot dérive du patronyme d'un certain Julius Dragatus, confiseur attaché à la grande famille des Fabius, à l'époque romaine. Il préparait des amandes et des épices enrobées de miel, les *dragati*, destinées à être offertes à la foule les jours de fête.

Le massepain d'Issoudun

Friandise ou gâteau, le massepain, fait d'amandes pilées, de sucre et de blancs d'œufs, est de ces douceurs inclassables. Longtemps considéré comme une pâtisserie, il appartient aujourd'hui au domaine de la confiserie et a fait la renommée de la tranquille petite ville d'Issoudun.

Une renommée internationale

À Issoudun, les sœurs ursulines du couvent local fabriquaient le massepain. La friandise régala les révolutionnaires puis l'Empereur, qui en recevait dans son exil de Sainte-Hélène. Un certain René Aufrère, pâtissier de son métier, reprit le commerce en 1819. Durant un demi-siècle, il fit connaître le nom d'Issoudun à travers le monde et compta parmi ses clients l'empereur de Russie et le pape.

Mécénat littéraire

Cité avec force éloges dans *La Rabouilleuse* comme « l'une des plus grandes créations de la confiturerie française », le massepain d'Issoudun devint un succès parisien le jour où un confiseur doué d'un grand sens de la publicité inonda la capitale de milliers de prospectus où l'on pouvait lire : « Messieurs, je viens d'ouvrir 38 *bis*, rue Vivienne, un magasin pour l'exploitation de ce produit dont la réputation dans le Berry a près d'un siècle d'existence et dont le plus remarquable écrivain de notre époque parle ainsi dans l'un de ses ouvrages... » ; suivait le passage du roman qui faisait l'éloge du massepain. Le bruit se répandit que Balzac s'était fait pâtissier, et le Tout-Paris de l'époque se précipita rue Vivienne.

Ci-dessus
Créée en 1989, la société Benux est le seul dépositaire de la recette du massepain d'Issoudun. L'effigie de Balzac, représentée sur les boîtes, rappelle le goût de l'écrivain pour les fameuses friandises.

À CONSOMMER AVEC MODÉRATION

Le Moyen Âge en était déjà friand ; nous en voulons pour preuve l'aventure de Gaspard de Châtillon, sire de Coligny et amiral de France passé à la Réforme, qui paya fort cher sa passion pour le massepain. On raconte en effet qu'à la veille de livrer combat dans les environs d'Arnay-le-Duc, l'amiral se laissa aller à la dégustation immodérée de massepains, dont il raffolait. Le lendemain matin, victime d'une violente indigestion, il fut incapable de mener ses troupes au combat. La bataille fut un véritable désastre pour les protestants. Cette anecdote dont la véracité n'est garantie par aucun historien sérieux nous rappelle cependant qu'il fut un temps où la ville d'Arnay-le-Duc était également réputée pour son massepain.

Le pain de Marc

La légende fait naître le massepain en Italie. On raconte qu'au cours d'une grande famine la ville de Venise se retrouva à court de pain. La farine faisant défaut, les Vénitiens eurent l'idée de broyer ensemble noix et amandes, d'y ajouter du sucre et du miel et de façonner la pâte obtenue en petits pains qu'ils auraient ensuite mis à cuire. En hommage à saint Marc, patron de la ville, ils baptisèrent cette spécialité *marci pani*, « pain de Marc ». La disette passa, et l'on retrouva le goût du pain et de la farine, mais les petits pains de Marc subsistèrent sous forme de friandises traditionnelles que l'on fabriquait à l'occasion de la fête du saint patron. Cette confiserie très populaire est aujourd'hui consommée dans de nombreux pays à l'occasion des fêtes de fin d'année.

Le nougat de Montélimar

Le nougat blanc et moelleux de notre enfance, que l'on grignotait sur la route des vacances pour oublier l'enfer de la Nationale 7, cache coquettement ses origines. Les étymologistes qui se sont penchés sur son cas en ont perdu leur latin.

Dans le mot « nougat », on retrouve le mot « noix », *nux* en latin, et de fait le grand Apicius a laissé une recette à base de pignons, de noix, de miel et d'œufs. Oui, mais, nous répondront d'autres érudits, les Grecs de Massilia préparaient le *nôgalon*, friandise au miel et aux noix. Si l'éminent M. de Nogarède, le bien nommé, après avoir consacré cinquante-cinq ans de sa vie et 8721 pages à cette question, avouait modestement qu'il n'en savait pas plus, renonçons à éclaircir le mystère et intéressons-nous plutôt à un autre grand homme, l'agronome Olivier de Serres, qui organisa et développa, à la fin du XVIe siècle, la culture de l'amandier en Provence. Ce visionnaire culinaire conseillait déjà, en conclusion de la recette traditionnelle des « pignolats », d'utiliser les amandes et miel plutôt que les noix, les pignons et le sucre. Les confiseurs montiliens s'intéressèrent à cette amande douce, qui – contrairement à la noix – ne rancissait pas, et « soufflèrent » à Marseille cette spécialité.

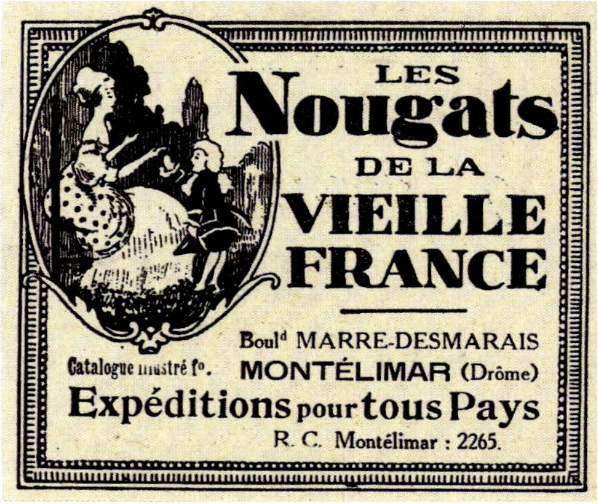

Émile Loubet, président de la République et protecteur du nougat de Montélimar

La première fabrique de nougat de Montélimar connue est née en 1770. Depuis, la profession a pignon sur rue. Au XIXe siècle, le commerce

du nougat a dépassé les frontières de la France. Les nougatiers trouvent en la personne d'Émile Loubet, qui fut sénateur-maire de Montélimar avant d'être président de la République, un ardent défenseur et un ambassadeur efficace qui ne laissa jamais repartir un visiteur étranger sans une provision de nougat. C'est la belle époque du nougat. Dans les magasins, on offrait aux acheteurs une carte postale qui portait l'inscription suivante :

Dans l'atelier de Denis Ceccon. Après l'incorporation des amandes, la pâte est coulée dans des moules tapissés de pain azyme, puis lissée au rouleau.

Le nougat de Montélimar
Se reconnaît entre mille
C'est le meilleur le plus fin car
C'est celui que préfère Émile

Le bouchon de Montélimar fait la fortune des nougatiers

Nous sommes dans les années soixante. Chaque été, le grand exode vers le sud entraîne des milliers de vacanciers vers le soleil. Le prix à payer, ce sont les heures d'attente, pare-chocs contre pare-chocs. Le bouchon de Montélimar est une véritable mine d'or pour les commerçants de la ville, qui voient affluer des milliers de clients qui calment leur impatience en croquant du nougat. En 1968, année bénie pour les uns, noire pour les autres, l'ouverture de l'autoroute entre Montélimar Nord et Montélimar Sud sonne le glas des années fastes.

Nougat de guerre

L'anecdote qui suit est rapportée par Jean Durand dans son ouvrage *Le Nougat de Montélimar* : pendant la guerre de 1940, le sucre est introuvable. Pour continuer la fabrication et surtout garder son personnel, un nougatier tente de fabriquer un ersatz de nougat à base de raisiné. Le résultat, peu engageant d'aspect, lui semble immangeable. Mais Noël approche. Un acheteur d'un grand magasin parisien lui rend visite. « Je n'ai rien pour les fêtes, faites-moi quelque chose ! » Le nougatier l'invite alors à goûter son essai, tout en le mettant en garde. « Je vous préviens, c'est dégueulasse », dit-il en riant. L'acheteur goûte... et en commande trois tonnes pour la fin de l'année. « Les Parisiens seront quand même bien contents d'avoir ça pour les fêtes. Ils mangeront sûrement pire ! » C'est ce même produit que l'on envoya aux soldats français prisonniers et que l'on nomma « nouguerre ».

Première apparition officielle du nougat de Montélimar

Nous sommes le 2 janvier 1701. Les membres du conseil de la ville se sont réunis pour organiser cérémonies et réceptions en l'honneur de Philippe V d'Anjou et de ses frères, les ducs de Bourgogne et de Berry. Claude Souchon, premier consul de la ville, souhaite offrir au roi et à sa suite un cadeau « qu'ils ne recevront nulle part ailleurs ». Il est décidé ce jour qu'un quintal de nougat sera offert aux princes (quarante-deux kilos de nougat chacun, de quoi survivre jusqu'à Paris), les chefs d'escorte n'en recevant que cinquante livres (vingt et un kilos, tout de même). À douze sols la livre, le présent est somptueux ! La tradition d'offrir du nougat aux hôtes de marque se perpétua et reste, aujourd'hui encore, bien vivante.

Les « épices de chambre », friandises de rois

Le sucre, rapporté en France par les croisés au XIIe siècle, restera longtemps une denrée de luxe, réservée à l'aristocratie. Dans ses Chroniques, *Mathieu de Coussy raconte que le sultan d'Égypte offrit à Charles VII, en remerciement de son ambassade, « un quintal de sucre fin ». Pour clore les repas fastueux, la règle veut qu'on serve aux convives attablés « une issue de table » composée de vin sucré, d'oublies et de dragées de toutes sortes.*

Quand les dragées venaient au secours des digestions difficiles

« Dragerie » ou « drageryes », c'est-à-dire anis, gingembre, fruits secs, plantes, racines ou écorces enrobés de sucre cuit, viennent, en fin de repas, faciliter la digestion. Il fallait bien cela pour calmer les excès de venaison et de viandes en sauce qui constituaient l'ordinaire des repas seigneuriaux ! On prit même l'habitude d'emporter ces douceurs sucrées jusque dans sa chambre. Les « épices de chambre », comme on les appelait alors, garnissaient les drageoirs des beaux messieurs et des belles dames qui ne s'en séparaient jamais. La mode fit fureur et dura quelques siècles. Avant de se coucher, on croquait ces friandises pour se parfumer l'haleine et pour prévenir maux de ventre et d'estomac. Leur prix et leur rareté en faisaient un cadeau luxueux et très prisé. Les magistrats et les édiles les offraient aux rois ou aux grandes personnalités du royaume en visite dans leur ville. Pour les bourgeois, même aisés, les épices de chambre constituaient un luxe tout à fait exceptionnel. Ils se contentaient alors, pour satisfaire leur gourmandise, de fruits secs agrémentés de miel.

En bas, drageoir du XVIIIe siècle en forme de tatou, monté sur or et agate. Musée Cognacq-Jay, Paris.

Renaud de Montauban de Loyset Liedet, XVe siècle.

Drageoir du XVIIIe siècle, en forme de tête de femme, monté sur or. Musée Cognacq-Jay, Paris.

Justice et gourmandise

Une pratique, cependant, « popularisa » les épices de chambre : celles-ci constituaient, en effet, le présent que tout plaideur ayant gagné un procès se devait d'offrir au conseiller rapporteur, en remerciement de ses bons offices. Cet ancien usage remontant au XIIIe siècle devint une obligation, puis un véritable impôt. Entre-temps, l'argent avait remplacé les friandises, mais la somme versée garda le nom d'« épices ».

La Révolution, soucieuse de redorer le blason de la Justice, interdit le don d'épices en 1790. Un quatrain satirique dénonçait déjà cette pratique. Il circula après qu'un incendie, au XVIIe siècle, eut détruit le palais de Justice :

Certes, ce fut un triste jeu,
Quand à Paris, dame Justice,
Pour avoir mangé trop d'épices,
Se mit tout le palais en feu.

La nougatine de Nevers

La nougatine est de toutes les régions. Tout le monde connaît bien ce « nougat » brun et dur, à base de caramel blond et d'amandes, laminé sur un marbre puis découpé en plaques. Pourtant, celle de Nevers est la plus réputée. Elle serait restée une spécialité locale si la gourmande Eugénie n'avait un jour succombé à la tentation.

Un confiseur sans histoire

Le bon Louis-Jules Bourumeau, né à Poitiers en 1811, s'était installé à Nevers dans les années 1840 après avoir fait son apprentissage dans sa ville natale puis à Paris. Il connut de nombreuses grandes maisons avant d'ouvrir sa propre confiserie. Le 18 novembre 1848, âgé de trente-sept ans, il épousa une charmante jeune fille de dix-huit ans, Adèle Clémendot. Le père de celle-ci logea le jeune ménage dans son immeuble, au numéro 73 de la rue du Commerce. Les affaires prospérant, Louis-Jules dut agrandir son laboratoire et s'installa définitivement dans la maison voisine, au numéro 75 – l'actuelle maison Édé, qui continue de fabriquer, selon la recette de M. Bourumeau, la véritable nougatine nivernaise. Cette recette assura la fortune du confiseur. Il la doit sans aucun doute à l'excellence de son invention gourmande mais aussi au hasard du calendrier impérial qui voulut que le 7 juillet 1862, Napoléon III et son épouse Eugénie fussent en visite officielle à Nevers.

La boîte de la véritable nougatine nivernaise, au design délicieusement désuet, rend un discret hommage à l'empereur Napoléon III, dont le profil en médaillon orne chaque couvercle.

Gourmande Eugénie

La ville offrit au couple impérial une magnifique réception que tous les journaux du temps décrivirent avec force détails. Il y avait en particulier, en haut de la rue de l'Embarcadère (aujourd'hui avenue de la Gare), un magnifique arc de triomphe qui présentait toutes les spécialités nivernaises. Les boîtes de nougatine, qui voisinaient avec les faïences, passèrent inaperçues.

Le soir même, au cours du repas offert par M. Le Rat de Magnitot, préfet de la Nièvre, l'impératrice s'enquit auprès de son hôte d'une éventuelle spécialité de confiserie. En homme prévoyant – la passion d'Eugénie pour les sucreries et les bonbons était bien connue – le Préfet avait tout préparé. Il fit un signe convenu, et, dans la seconde, une fillette vint remettre à l'impératrice une grande boîte de nougatine. Elle en distribua à toutes les dames présentes, et bientôt un murmure de louanges s'éleva dans la salle.

Quelques jours après le retour à Paris du couple impérial, une importante commande de la cour parvenait à M. Bourumeau. Elle consacrait définitivement sa création, qui devint le bonbon à la mode des salons parisiens.

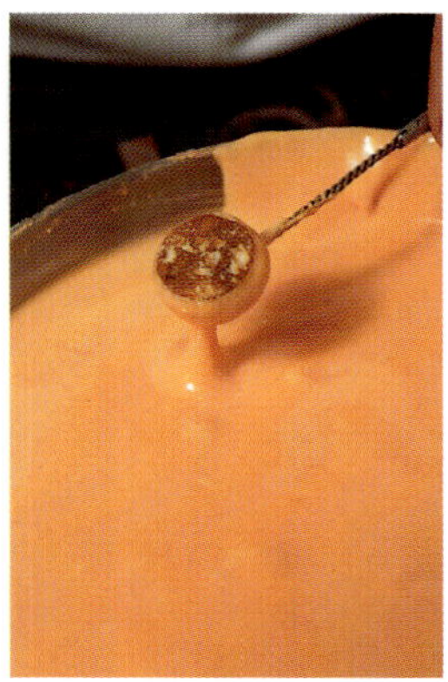

Un tout petit macaron

Autrefois, la nougatine avait la forme de grosses pastilles, recouvertes au pinceau d'une fine couche de sucre plus clair. La nougatine de Nevers correspond à cette description, si ce n'est que la couche de sucre est ici un enrobage de glace royale de couleur orange pâle, qui lui donne l'aspect d'un tout petit macaron.

Le confiseur étale la nougatine sur un marbre, puis la dépose sur un rouleau creusé d'alvéoles. Un second rouleau vient presser cette nougatine qui prend la forme de petites pastilles bombées. Chaque bonbon est ensuite trempé sur chaque face dans un bain de glace royale colorée.

La praline de Montargis

La savoureuse praline est depuis trois siècles attachée au nom d'une paisible petite ville du Gâtinais. C'est en effet à Montargis que l'inventeur de la praline choisit de s'installer, après des années de bons et loyaux services auprès de son maître, le comte de Plessis-Praslin.

Amande ou cacahuète ? Là est la question

Qui n'a pas grignoté sur les foires, dans la rue, en attendant son métro, ces pralines croquantes et rugueuses à la bouche ? Nous connaissons tous ces friandises délicieuses que l'on mange presque sans s'en apercevoir, et qui dégagent un irrésistible parfum de caramel et de vanille. Pourtant, la vraie praline est bien différente, car elle cache sous sa gangue de caramel non point une vulgaire cacahuète mais une fine et goûteuse amande. Un vernis de gomme arabique lui donne son luisant de perle fine.

Un marmiton gourmand

La praline est née de l'esprit d'observation d'un cuisinier au service de l'illustre duc de Choiseul, comte de Plessis-Praslin. On raconte en effet que c'est en surprenant un marmiton gourmand qui raclait le caramel resté au fond d'un moule à nougat, tout en dégustant des amandes, qu'il eut l'idée de faire rissoler ces mêmes amandes dans le sucre. L'homme avait nom Clément Jaluzot, dit « la Fleur », et sa création rencontra un vif succès. On ne sait pas très bien qui baptisa cette amande rissolée du nom de praline. Clément Jaluzot lui-même, pour complaire à son maître ? C'est une possibilité. Il en existe deux autres que nous livrons ici, sous toute réserve.

On obtient l'aspect granuleux et bosselé de la praline grâce à une opération dite « sablage ». Les amandes sont versées dans une bassine avec le sirop. Le tout est amené à la température de 145 °C. Le sucre cristallise alors et adhère aux amandes. Ces cristaux de sucre, inégalement répartis, formeront, après grossissage, reliefs et cratères.

À la table des négociations

Nous sommes en pleine Fronde. Le duc de Praslin, envoyé par le roi pour négocier avec les jurats de Bordeaux, reçoit une fin

de non-recevoir. On lui ferme les portes de la ville au nez. Fin stratège, il choisit la diplomatie et invite les belligérants à un grandiose souper. En fin de repas, on sert d'étranges petites friandises qui ravissent les invités. Comme elles n'ont pas de nom, l'un d'eux les baptise praslines, en l'honneur du duc.

SÉDUCTION

L'autre légende, plus légère, rend hommage à la galanterie du gentilhomme et à sa passion pour les jolies femmes. Ardent séducteur, le duc, quand il envoyait des billets aux dames, les accompagnait souvent de bonbonnières garnies de délicieuses friandises. Parmi celles-ci, un jour, il ajouta quelques bonbons inconnus qui enchantèrent les dames et qu'elles nommèrent pralines en l'honneur du galant seigneur.

La nouvelle friandise fut célébrée à la cour de Louis XIV par un petit poème de quatre sous qui ne vaut pas tant par la richesse de ses rimes que par le témoignage qu'il apporte sur le succès de la fameuse praline :

Quand le bonbon fut fait, il n'était pas commun,
Bosselé de tout sens et coloré de brun,
d'un fumet délicat qui flattait les narines
on eût cru le produit d'une essence divine.

La maison « Au Duc de Praslin » perpétue la tradition des véritables praslines de Montargis. La boutique, qui n'a pas changé d'adresse depuis Clément Jaluzot, est une des curiosités architecturales de la ville.

Les véritables praslines de Montargis de la maison Mazet s'exportent dans le monde entier.

CACAO
CACAO

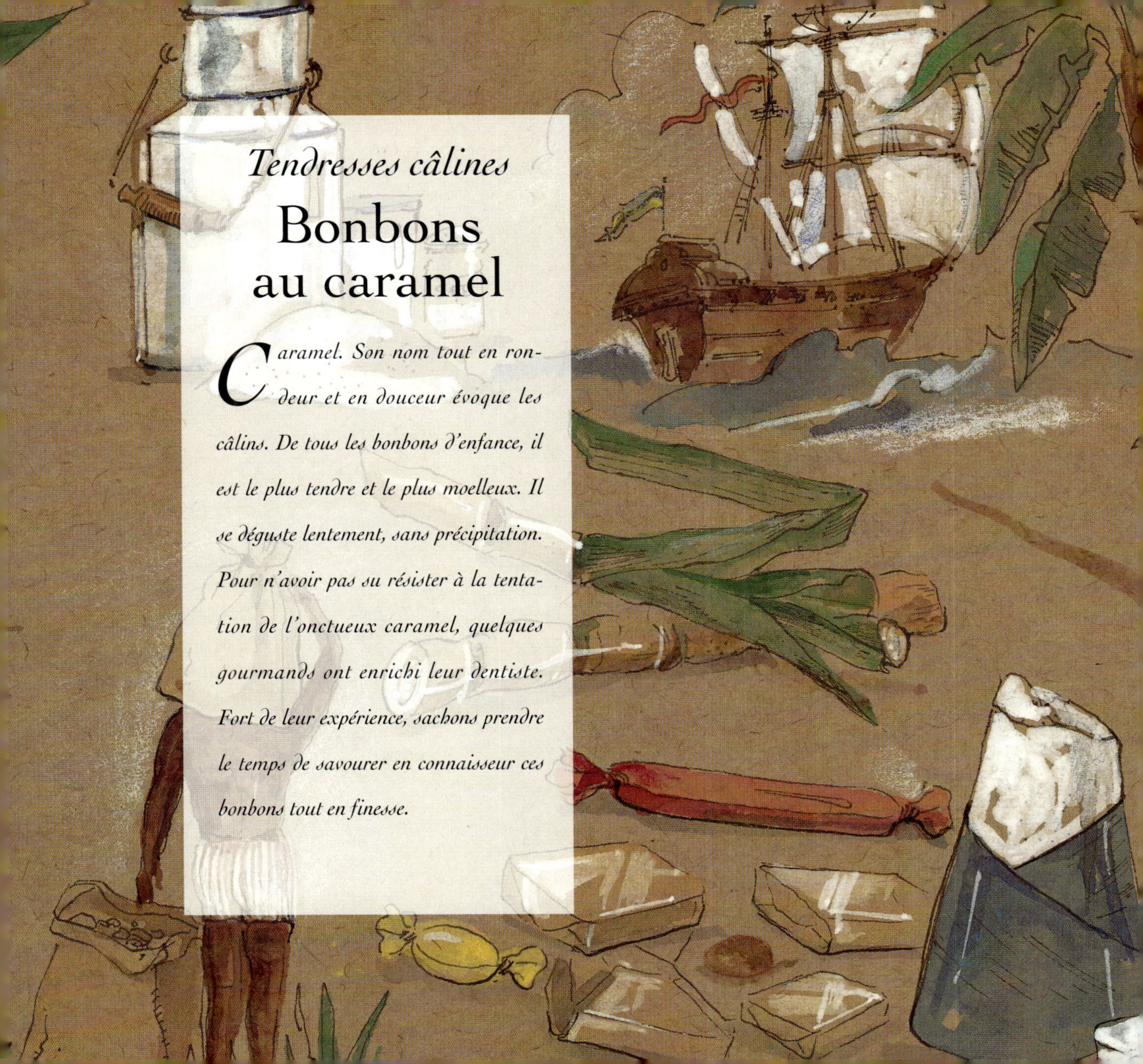

Tendresses câlines

Bonbons au caramel

Caramel. Son nom tout en rondeur et en douceur évoque les câlins. De tous les bonbons d'enfance, il est le plus tendre et le plus moelleux. Il se déguste lentement, sans précipitation. Pour n'avoir pas su résister à la tentation de l'onctueux caramel, quelques gourmands ont enrichi leur dentiste. Fort de leur expérience, sachons prendre le temps de savourer en connaisseur ces bonbons tout en finesse.

L'incomparable Caramel au Beurre Salé

Il aurait pu, comme des dizaines d'autres spécialités de confiserie, prendre le nom de son inventeur ou de sa ville. Peut-être alors s'appellerait-il aujourd'hui « l'inimitable caramel Le Roux », « le délice de Quiberon », « la Quiberonnette », ou pis encore. L'imagination des confiseurs n'a pas de limites !

UNE IDÉE SIMPLE COMME BONJOUR

Dans le cerveau malin d'Henri Le Roux naît une idée fort simple en apparence. Pourquoi, en effet, ne pas remettre à la mode le beurre salé, produit emblématique de la région, dans la fabrication des caramels ? Les grands-mères bretonnes, qui ne connaissaient pas le beurre doux, avaient depuis longtemps découvert la subtilité de l'alliance du salé et du sucré et régalaient leurs petits-enfants de caramels au beurre du cru. Fort de cette tradition, Henri Leroux se lance dans l'aventure. Encore fallait-il que le résultat fût à la hauteur de l'intuition du confiseur.

UN SUCCÈS IMMÉDIAT

Le CBS déclenche dès sa naissance un véritable vent d'enthousiasme. En quelques années, chose rarissime, il est devenu un grand bonbon traditionnel, la référence de tous les amateurs. On fond de plaisir en savourant l'alliance étonnante du sucré et du salé, du croquant des petits éclats d'amandes et de noisettes, du moelleux du caramel qui laisse en bouche une subtile touche d'amertume rappelant un peu la saveur des grands chocolats noirs.

Les plus réfractaires aux sucreries n'y résisteront pas !

Baptisé CBS (caramel au beurre salé) dans le laboratoire où il a vu le jour, le délicieux bonbon a conservé son nom de code. Les Quiberonnais ne jurent que par lui, les Anglais l'adorent et les Japonais en raffolent.

Comment naissent les traditions

La célébrité du CBS est à l'origine de petites scènes amusantes que M. Le Roux raconte volontiers. Il arrive ainsi souvent que des clients, attirés par la renommée du délicieux caramel, passent la porte de la boutique et s'approchent du comptoir pour demander « s'ils sont bien dans la boutique où vivait autrefois M. Le Roux ». Sans forfanterie, celui-ci reconnaît que le CBS est « la chance de sa vie », car, ajoute-t-il, « il a fait parler de notre maison en vingt ans bien plus que d'autres sur plusieurs générations ».

Un caramel couronné de lauriers

Beurre salé (au sel de Guérande), amandes, noix, noisettes, ce caramel est un pur chef-d'œuvre. Son secret de fabrication est d'ailleurs bien gardé, et ceux qui se sont essayés à l'imiter – ils sont nombreux – ont obtenu au mieux une honnête copie, au pire une « croûte » sans valeur. Couronné Meilleur Bonbon de France au Salon international de la confiserie en 1980, il a de nouveau été consacré quatorze ans plus tard par le prix spécial de la Notoriété au Grand Prix de France des spécialités. On peut toujours rêver et laisser voguer son imagination. Un jour peut-être, le CBS deviendra-t-il un nom commun. Nos arrières-petits-enfants, en déballant leur « cébéhès », auront oublié depuis longtemps l'origine de ce mot rigolo né dans le laboratoire d'un caramélier quiberonnais.

Salé, sucré, le mélange de ces deux saveurs, en matière de confiserie, pourrait en étonner plus d'un. Il fait pourtant toute l'originalité de ce caramel exceptionnel.

Le Charitois et la Charitoise

Le Charitois, vénérable caramel enrobé de sucre cuit, a convolé en justes noces voilà bientôt dix ans. Ce vieux célibataire, né en 1921, n'a pas résisté à la tendre et délicate Charitoise. Le couple tient aujourd'hui la vedette dans la vitrine de M. Streit, à La Charité-sur-Loire.

UN CONFISEUR TALENTUEUX

Le Charitois est un délicieux caramel mou au chocolat ou au café, enrobé de sucre cuit. Depuis 1921, date de sa création, il fait la renommée de la Confiserie du Prieuré à La Charité-sur-Loire. Son inventeur, M. Lebon, fier de sa création, avait d'ailleurs bien pris soin d'inscrire son nom et la date de création du bonbon sur chaque boîte de Charitois.

Depuis, la famille s'est agrandie. La Confiserie du Prieuré est devenue un haut lieu de la gourmandise où Claude Streit, chocolatier autant que confiseur, invente de nouvelles délices, dont la plus célèbre, la Charitoise, a sauvé de la solitude le bon vieux Charitois.

Le Charitois et la Charitoise partagent le même écrin.

UN PETIT AIR DE FAMILLE…

En dégustant le Charitois, on ne peut s'empêcher de penser à son célébrissime cousin de Nevers, le Négus, créé quelque vingt ans auparavant par le confiseur Grelier. Vingt kilomètres à peine séparent les deux villes, et l'actuel propriétaire de la Confiserie du Prieuré, M. Streit, ne cache d'ailleurs pas cet indiscutable air de famille. Ses recherches l'ont amené à découvrir que le véritable père du Charitois n'est pas M. Lebon mais son beau-père, un certain M. Garceau, lui-même confiseur à La Charité-sur-Loire. Or ce brave homme, lorsqu'il inventa le Charitois, employait un ex-ouvrier de la maison Grelier. La ressemblance entre les deux caramels n'est donc certainement pas le fruit du hasard.

Ses origines un peu suspectes n'ont pas empêché le Charitois de couler une existence heureuse. Dans son discret habit de papier blanc, il a acquis une aimable réputation, et personne aujourd'hui ne songerait à mettre en cause sa légitimité. D'autant que, dans le petit monde de la confiserie, le Charitois est, à notre connaissance, le seul bonbon au monde officiellement marié.

Une à une, les friandises sont piquées au bout d'une petite fourchette et trempées dans le sucre cuit.

Un mariage officiel

Lorsqu'il reprend la confiserie en 1987, M. Streit choisit de marquer son arrivée par un acte original. Donner une compagne au Charitois lui semble une idée amusante pour revigorer un tantinet le bon vieux caramel. Lors d'une cérémonie qui réunit M. le curé Bézille et M. Guillaume, sénateur-maire, le Charitois prend officiellement femme et épouse la Charitoise, née quelque temps auparavant dans le secret du laboratoire de M. Streit. Cette jeune friandise au cœur de praliné et de noisettes a la même forme que celle de son illustre époux. Pour l'habiller, les habitants de La Charité-sur-Loire, consultés pour l'occasion, se sont prononcés pour un papier d'argent.

Projet de descendance

L'union fut consacrée définitivement deux ans plus tard par le prix du Meilleur Bonbon de France décerné au couple à l'occasion du Salon international de la confiserie. À entendre le « père » de la Charitoise, l'an 2000 verra peut-être la naissance d'un nouveau rejeton qui viendra couronner cette étonnante histoire d'amour. En attendant, les futurs parents se portent bien.

Les secrets de la cuisson du sucre

À l'état brut, le sucre n'a pas d'odeur et ne se travaille pas. C'est donc de sa cuisson que tout dépendra, et c'est là tout l'art du confiseur.

Le sucre est au cœur même de la confiserie ; sans lui, point de bonbons à sucer ou à croquer. Ainsi, à chaque étape de cuisson correspond une transformation du sucre, minutieusement décrite. Chaque grande famille de bonbons est déterminée par une cuisson précise qui permettra une utilisation bien spécifique. La connaissance des différentes étapes de la cuisson du sucre est donc absolument indispensable pour qui veut réaliser des bonbons. Il va sans dire que le savoir-faire des confiseurs est le fruit d'un long apprentissage et que la ménagère, même habile, ne saurait recréer à l'identique les merveilles sucrées qui ont fait la célébrité de certains artisans.

Les étapes de la cuisson du sucre

Avant toute chose, il faut diluer le sucre dans l'eau (à raison de 300 g de sucre par litre d'eau) afin d'obtenir un sirop. Pour éviter la cristallisation, on ajoute parfois un peu de glucose ou quelques gouttes de jus de citron. On contrôle l'évolution de la cuisson à l'aide d'un thermomètre ou en observant les transformations physiques du sirop. Attention, tout va très vite !

Nappé (100 °C) : le sirop commence à bouillir. Si l'on y trempe rapidement une écumoire, le liquide translucide la recouvre entièrement.

Petit filé (103-105 °C) : pris entre deux doigts préalablement trempés dans l'eau bien froide, le sirop forme de tout petits filets sans résistance. On l'utilise pour les pâtes d'amande.

Grand filé ou lissé (106-110 °C) : les petits filets de sirop s'étirent entre le pouce et l'index jusqu'a 5 mm avant de se rompre. C'est le stade que les livres de pâtisserie nomment « sirop de sucre », sans autre précision.

Petit perlé (110-112 °C) : de grosses bulles rondes apparaissent à la surface du sirop. Recueilli sur une cuillère, puis entre les doigts, il forme un filet large qui résiste avant de rompre. Touron et sucre candi.

Grand perlé (113-115 °C) : avant de se rompre, le filet de sirop peut atteindre 2 cm. Si l'on trempe l'écumoire dans le sirop et que l'on souffle dessus, des bulles apparaissent de l'autre côté. Glaçage des marrons, fruits déguisés.

Petit boulé ou soufflé (116-125 °C) : une goutte de sirop que l'on laisse tomber dans l'eau froide, puis que l'on roule entre le pouce et l'index, forme

une sorte de gomme molle. Caramels mous, nougat.

Grand boulé (126-135 °C) : la goutte de sirop plongée dans l'eau froide est plus dure. Des flocons neigeux s'échappent de l'écumoire. Caramels, décors en sucre.

Petit cassé (136-140 °C) : la goutte de sirop plongée dans l'eau froide durcit immédiatement mais colle aux dents quand on la croque. On n'utilise pas le sirop à ce stade.

Grand cassé (145-150 °C) : la goutte de sirop plongée dans l'eau froide devient dure et cassante comme du verre. Elle ne colle plus aux dents. Tous les bonbons de sucre cuit, les berlingots et les pastilles, le sucre d'orge, les sucettes, la barbe-à-papa, les décors en sucre filé.

Caramel clair (151-160 °C) : le sirop, qui ne contient presque plus d'eau, commence à se colorer de jaune. Caramels durs.

Caramel foncé (161-170 °C) : le sirop a bruni ; il est moins sucré qu'à l'étape précédente. Il colore les desserts. Passé ce stade, il commence à brûler et devient presque amer.

Le Négus de Nevers

Il a l'apparence d'un bijou, la transparence et l'ovale d'une pierre précieuse. On le dévore des yeux avant de le manger... les yeux fermés. « À Nevers, tout va à l'envers », dit un vieux dicton du pays. À coup sûr, le Négus est un bonbon renversant !

LE PALAIS DES GOURMANDS

Dans la capitale nivernaise, il est un palais qui ne figure pas dans les guides touristiques. Jamais on n'y vit d'enfants fatigués, le regard éteint, le pas traînant. Tout au contraire, à peine franchie la porte de la belle salle au décor mauresque, leurs yeux s'allument. Ce palais-là est une confiserie, la maison de dame Tartine revue et corrigée par Schéhérazade. La lumière y est douce, les teintes rose fané et vert passé invitent au calme. Le temps semble s'y être arrêté.

Le seigneur du lieu porte le nom d'un empereur d'Éthiopie. Né avec le siècle, en 1901 exactement, ce souverain de quatre-vingt-seize ans n'a pas pris une seule ride et continue d'attirer autour de lui une cour d'admirateurs inconditionnels.

UN HOMMAGE AU ROI DES ROIS

La naissance du Négus marque la venue de l'empereur Ménélik, grand-oncle de Haïlé Sélassié. En effet, pour fêter la visite du roi des rois, Charles-Jérémie-Théophile Grelier, confiseur à Nevers, créa un véritable bijou gourmand qu'il baptisa « Négus » en l'honneur de l'empereur. De son royal parrain, il a le teint chaud et foncé des peuples de l'Afrique. Mais là s'arrête l'analogie, car le cœur de l'altier souverain ne saurait être comparé au cœur de caramel moelleux et fondant, caché sous la petite coque de sucre croquant qui l'enrobe.

Ce bonbon, si beau qu'on le prendrait pour une pierre précieuse, méritait bien un écrin digne de sa splendeur. Pour lui, le confiseur imagina une magnifique boîte de métal sur laquelle son nom, écrit en lettres d'or sur fond vert foncé, brillerait pour l'éternité.

Aujourd'hui, la confiserie Lyron, qui a repris la marque en 1909, continue de fabriquer le Négus dans le respect scrupuleux de la tradition. L'emballage lui-même n'a jamais été modifié.

La fabrication du Négus

La fabrication du Négus nécessite une dextérité que l'on acquiert au bout de plusieurs mois d'apprentissage.

Un à un, les petits parallélépipèdes de chocolat qui constituent le cœur du bonbon sont piqués sur une fourchette à trois dents puis plongés dans un bain de sucre en fusion à 150 °C. Cette opération ne doit pas durer plus d'une seconde.

Chaque jour, 40 kg de Négus voient le jour dans l'atelier de la maison Lyron. Ils ont tous été soigneusement contrôlés avant d'être mis en boîte.

La surveillance de la température du sucre, la précision et la rapidité du geste exigent une grande habileté. En refroidissant, le sirop de sucre s'étale de façon particulière et donne au Négus sa forme arrondie. Chaque bonbon doit être parfait. Un contrôle rigoureux permet de détecter la moindre bulle d'air sur la gangue de sucre. Tout bonbon présentant un défaut est éliminé. La perfection n'est pas un vain mot au royaume du Négus.

L'Abyssin

Il fallait un compagnon au roi Négus. Ainsi est né l'Abyssin, moins célèbre que lui, qui est en fait le même bonbon mais parfumé au café et d'une couleur brun clair.

Spécialités du BERRY
Forestines
Bourges
Rigolette

Douceurs fondantes

Bonbons fourrés

La dégustation du bonbon fourré est affaire de sensibilité et de caractère. On peut le laisser fondre lentement avant de découvrir le moelleux fourrage qu'il renferme. Cette première technique requiert une certaine patience. La seconde, pour être plus expéditive, n'en est pas moins agréable et consiste à croquer sans attendre l'enveloppe de sucre cuit pour savourer son cœur tendre et fondant.

Les Rigolettes de Nantes

Bien qu'ils soient nés tous deux à Nantes, trois siècles cependant séparent le berlingot et la Rigolette. Le premier aurait été créé au siècle de Louis XVI, le second a vu le jour en 1902. Mais la valeur n'attend pas le nombre des années, et le petit jeunot a gagné sa place, au côté du vénérable berlingot, dans le club des grands bonbons de France.

HISTOIRE DE LA RIGOLETTE

Rouges, vertes, oranges ou violettes, les Rigolettes cachent sous leur coque de sucre cuit une moelleuse marmelade de pommes ou d'abricots. Le contraste entre le croquant de l'enveloppe et le fondant du fourrage est l'un des charmes de cette spécialité. Nous ne résistons pas au plaisir de vous en dévoiler un autre, que nous réservons aux enfants gourmands et inventifs, celui d'empiler les Rigolettes par couleur pour édifier de mignonnes petites colonnes... à croquer. Bien entendu, il faudra auparavant déballer chaque Rigolette de son habit de papier transparent.

NAISSANCE DE LA RIGOLETTE

Cette friandise est née dans l'épicerie de Charles Bohu, installé à Nantes depuis 1897. Sans doute un peu lassé de vendre, comme tout le monde, des berlingots, l'ingénieux épicier concocta un nouveau bonbon de forme rectangulaire et aux bords arrondis, fourré à la pulpe de fruits. Sa vocation n'était certes pas de détrôner le bon vieux berlingot mais de le concurrencer. Il y réussit parfaitement.

Les premières Rigolettes présentées à la devanture de la boutique de M. Bohu ravirent les Nantais. Sans doute apportaient-elles, dans l'éventail des gourmandises de la ville, la petite touche de fantaisie qui manquait. De fantaisie, l'épicier ne manquait pas, puisqu'il donna à son bonbon le nom de la chatte de la famille.

EN 2002, LA RIGOLETTE AURA CENT ANS

Célébrée par Curnonsky dans les pages de *L'Illustration* dès 1920, la Rigolette apporte assez rapidement une grande notoriété à son créateur. De simple épicerie, la boutique

C'est à la petite chatte
de M. Bohu,
nommée Rigolette,
que les fameux bonbons
nantais doivent
leur nom.

de la rue de la Marne devient confiserie à part entière, et la façade se couvre d'une splendide décoration de mosaïque bleue que les touristes viennent encore admirer aujourd'hui. Depuis une dizaine d'années, la confiserie à changé d'adresse. Elle a déménagé rue de Verdun. M. et Mme Desmars, qui ont repris récemment la célèbre marque, continuent, dans le respect de la tradition, à veiller à la fabrication de ces petits délices qui fêteront dans quelques années leur centième anniversaire.

Les Forestines de Bourges

Le 20 décembre 1884, Le Journal du Cher *consacrait plusieurs pages à l'inauguration d'une splendide confiserie, place Cujas, à Bourges. La boutique, bonbonnière géante, servait d'écrin à la déjà célèbre Forestine qui faisait les délices des gourmands de la ville.*

LA MAISON DE LA FORESTINE

Cet immeuble de style haussmannien qui, pouvait-on lire dans l'article, « donne à la place l'aspect d'un des plus brillants quartiers parisiens » abritait, au rez-de-chaussée, la nouvelle confiserie de M. Forest. Marbriers, plâtriers, stucateurs avaient mis tous leurs talents au service de cette rutilante boutique. Les plafonds couverts de faïence de Gien émerveillèrent les premiers visiteurs. Rien n'était trop beau pour accueillir la création de M. Forest.

LE PREMIER BONBON FOURRÉ

La Forestine n'est née ni dans un couvent ni dans un laboratoire d'apothicaire du Moyen Âge. Elle fait figure de jeunette dans la grande famille des bonbons de France. Pensez, elle n'a pas cent cinquante ans !

Elle est le fruit des longues recherches de Georges Forest, qui rêvait d'inventer son propre bonbon. Après avoir appris toutes les techniques de fabrication de la confiserie traditionnelle, il partit s'installer à Bourges où il acheta son premier fonds de commerce, une boutique qui appartenait à un certain M. Dajon. Il reprit l'enseigne de la maison, « Au Bienfaisant », et se mit au travail. Cinquante ans plus tard, le 24 décembre 1878, il déposait au tribunal de grande instance de Bourges le brevet d'un bonbon qui révolutionna le petit monde de la confiserie : le premier bonbon fourré était né et son inventeur le nomma Forestine.

Un ravissant petit coussin de poupée

Son aspect extérieur, soyeux et satiné, évoque un minuscule coussin de poupée. Un coussin de petite fille modèle qui aurait choisi les couleurs des robes de fées : or, vert, blanc ou rose. Une légère pression des dents sur la coque brillante, et l'on découvre à l'intérieur un fondant fourrage praliné, subtil mélange de noisette, d'amande et de chocolat. Le succès de la Forestine fut si grand que M. Forest fit bâtir l'immeuble de la place Cujas. La splendide boutique vit naître d'autres délices, toujours sur le principe du bonbon fourré. Exportée en Autriche et en Suisse, la Forestine suscita l'envie de quelques confiseurs qui tentèrent de se l'approprier, mais en vain. M. Forest n'eut aucune difficulté à prouver l'antériorité de sa création.

La famille Tavernier reprend le flambeau

En 1896, Georges Tavernier succéda à M. Forest. Il obtint pour la Forestine la consécration suprême en 1931 et reçut la médaille d'or à l'Exposition coloniale de Paris. Aujourd'hui, la maison de la Forestine, dirigée par la quatrième génération de la famille Tavernier, a gardé sa vocation de temple des bonbons et de la gourmandise. On y fabrique avec soin et amour les délicieuses Forestines qui, rangées dans de luxueuses boîtes métalliques vert et or, partent à travers le monde, jusqu'en Amérique et en Australie, régaler les petits et les grands.

Une bonbonnière remplie de Forestines est une tentation à laquelle personne ne saurait résister !

Les Vérités de Lapalisse

L'homonymie était trop belle, il aurait été dommage de la laisser passer. En 1922, Jean Sauvadet, confiseur à Lapalisse, créa un bonbon qu'il baptisa Vérité, clin d'œil aux célèbres quatrains qui évoquent Jacques de Chabannes.

UNE INJUSTICE DE L'HISTOIRE

Ce délicieux bonbon est constitué d'une enveloppe de sucre croustillante, fourrée de caramel mou, lui-même aromatisé au café, à la noisette ou au rhum. Il rend un hommage modeste mais sympathique à un grand homme que l'histoire a injustement malmené en faisant de lui le symbole de la naïveté.
Cette réputation sans fondement repose sur un malentendu orthographique cocasse qui a fait d'un grand maréchal un niais débitant des banalités. Les bonbons de M. Sauvadet n'ont pas la prétention de changer l'histoire, mais en les dégustant les gourmands auront certainement une petite pensée amicale pour la mémoire du célèbre seigneur de La Palice.

LE SEIGNEUR DE LA PALICE, VICTIME DE L'ORTHOGRAPHE

Ami de Bayard, Jacques II de Chabannes, seigneur de La Palice, maréchal de France, consacra sa vie au service du roi François Ier. Sa réputation de bravoure et d'équité le fit considérer comme l'un des hommes les plus remarquables de son époque. Il mourut en 1525, à la bataille de Pavie. Pour rendre hommage à son courage, ses soldats composèrent une complainte qui se terminait ainsi :

Monsieur de La Palice est mort
Mort devant Pavie
Hélas, s'il n'était pas mort
Il ferait encore envie

Erreur de copie, ou simple malice, le dernier vers devint bientôt « il serait encore en vie » et la mémoire du brave maréchal bascula pour toujours dans le ridicule. D'autant que, sans que l'on sache pourquoi, la légende attribua au maréchal lui-même la paternité de ce petit poème qui devint, avant la lettre, la première lapalissade de l'histoire.

Les quatrains de Bernard de La Monnoye

Au XVIIIe siècle, un académicien français, Bernard de La Monnoye, composa une chanson qui célébrait en cinquante-deux quatrains la vie de l'illustre maréchal. Cependant, loin de rétablir la vérité historique, le texte était une succession d'évidences naïves qui prêtaient à rire plutôt qu'à redorer le blason du maréchal.

Ces textes furent repris par Jean Sauvadet qui en choisit vingt-quatre pour emballer ses Vérités, à l'origine vendues en vrac ou en petits sachets. Ainsi, en croquant les friandises, on peut, encore aujourd'hui, s'amuser à lire la prose de l'académicien :

Il se plaisait en bateau
Et soit en paix, soit en guerre
Il allait toujours par eau
À moins qu'il n'allât par terre
De l'inventeur du raisin
Il révérait la mémoire
Et pour bien goûter le vin
Jugeait qu'il fallait le boire

Sans doute pris d'une fièvre créatrice, M. Sauvadet écrivit lui-même un petit quatrain qui est reproduit à l'intérieur de chaque emballage et qui vante l'exceptionnelle qualité des bonbons :

Mes bonbons sont les meilleurs
Belles dames, beaux messieurs
Puisque même au sein des cieux
Il n'en est de supérieurs

Ces quelques vers, signés La Palisse, sont suivis de la remarque suivante : *Dernière vérité de La Palisse et la plus vraie !*

Sur chaque boîte de Vérités, le portrait du maréchal figure en bonne place.

Sucreries croquantes

Les sucres cuits

Ils ont séché bien des larmes et apaisé bien des disputes enfantines ! Le gourmand les croque sans attendre, pressé de plonger à nouveau la main dans la bonbonnière que la mamie a sortie d'un buffet. Le gourmet, lui, prend son temps et déguste avec une infinie lenteur, façonnant berlingot ou sucre d'orge en un fragile et mince petit objet translucide qu'il brisera enfin avec délices, d'une légère pression de la langue.

Les Bêtises de Cambrai

Le jour où le jeune Émile Afchain commit sa première bêtise n'est pas resté dans les annales. En revanche, l'objet du délit est devenu célèbre. Il rappelle à jamais la bêtise du jeune ouvrier qui avait mal brassé la pâte des bonbons qu'il préparait.

Le regard gourmand et l'air malicieux de l'aïeule représentée sur chaque boîte de bonbons nous encouragent à la gourmandise avec son fameux « Non, mais goûtez-moi ça ! »

La légende des bêtises

D'après la petite histoire, la bévue fut accueillie par la grand-mère Afchain par un sévère « Mon pauvre Émile, tu ne fais que des bêtises ! » Gageons que sa colère fut de courte durée et qu'elle pardonna vite la bêtise du jeune Émile, qui venait d'inventer, par le plus grand des hasards, un des plus célèbres bonbons français.

La légende ne manque pas de charme, et peut-être éprouvons-nous pour le jeune Émile une secrète sympathie, une admiration enfantine pour celui qui tira gloire et renommée de ses bêtises. Mais, tout en lui conservant notre gourmande reconnaissance, nous tenons de l'histoire et de la tradition du Cambrésis une autre explication que nous ne pouvons passer sous silence, sous peine de faire preuve d'une impardonnable partialité !

Les bêtises du marché de Cambrai

Le 24 de chaque mois se tenait à Cambrai un grand marché, rendez-vous de tous les habitants de la ville et des alentours. Les affaires faites, chacun déambulait et flânait, dépensant quelques sous en petits objets inutiles, en friandises, en un mot : en bêtises. Le confiseur Afchain aurait eu l'idée de proposer à cette clientèle du marché une sucrerie un peu plus sophistiquée que les traditionnels bonbons de foire. Ainsi naquit ce joli

La Bêtise a pris des couleurs. Il existe maintenant des Bêtises rayées de vert (elles sont parfumées à l'anis) ou de rouge (à la framboise).

bonbon à la menthe. Le sucre battu lui donne ce bel aspect de petit coussin gonflé ; une fine bande de sucre caramélisé décore la partie bombée et vient adoucir la saveur piquante de la menthe.

LE BONBON DES MINEURS

Résultat d'une heureuse maladresse ou création d'un ingénieux confiseur, les Bêtises rencontrèrent un très vif succès. Dans ce pays minier où les maladies respiratoires touchaient bon nombre de gens, la menthe était depuis bien longtemps appréciée pour ses propriétés antiseptiques et rafraîchissantes. Quoi d'étonnant que les Bêtises aient définitivement conquis les foyers du Nord et porté la renommée de Cambrai au-delà de nos frontières, jusqu'au Japon où elles ont pris le nom de « French Cancan » ?

Personnages emblématiques, Martin et Martine sont les deux carillonneurs de la ville de Cambrai.

Un procès pour des bêtises

La maison Afchain dut défendre son titre de « seul inventeur » des Bêtises lors d'un procès qui l'opposa à la maison Despinoy en 1889. Son directeur prouva que les mots « Bêtises de Cambrai » avaient été peints sur le carreau de façade de la boutique en 1854 par son prédécesseur et qu'ils avaient été régulièrement entretenus et ravivés depuis. L'antériorité du nom ne faisait plus aucun doute. La maison Afchain fabriquait et vendait des Bêtises vingt-cinq ans avant que Despinoy tentât d'en acquérir l'exclusivité. Cent huit ans plus tard, la quatrième génération de cette illustre famille détient toujours le brevet d'exploitation et fabrique près de cinq cents tonnes de Bêtises par an.

La bergamote de Nancy

Celui qui ne connaît pas encore le goût subtil et légèrement acidulé de la bergamote pourrait, pour s'initier, siroter une tasse du fameux thé Earl Grey et en appréhender le parfum délicat, car l'essence de ce fruit lui confère une saveur singulière.

La petite folie du roi Stanislas

L'introduction de la bergamote en Lorraine date du XVe siècle, époque où le bon roi René était duc de Lorraine et roi de Naples et de Sicile. Pourtant, ce n'est qu'au XVIIIe siècle que la bergamote, « lancée » par le roi Stanislas qui en raffolait, connut son heure de gloire. Son chef d'office, Joseph Gilliers, évoque dans son ouvrage *Le Cannaméliste français* le goût de ce monarque esthète et gourmet pour cet agrume qu'il qualifie joliment de « fruit d'odeur ». Non content de sucer pastilles ou sucres d'orge parfumés, il appréciait également certains plats parfumés à l'essence de bergamote.

En Sicile, la bergamote a, dit-on, le pouvoir d'attirer l'argent. Plus d'un commerçant sicilien laisse sécher une bergamote à l'intérieur de son tiroir-caisse.

La rencontre du parfumeur et du confiseur

Un siècle plus tard, dans les années 1850, un certain Jean-Frédéric Lillich, originaire du Wurtemberg, venu s'installer à Nancy pour y exercer son métier de confiseur, inventa le merveilleux petit bonbon. À la demande d'un ami, grand amateur de parfums, il s'essaya à marier l'essence de bergamote, très à la mode à l'époque, au sucre cuit. Le succès fut immédiat et la réputation du confiseur vite établie. Il obtint la nationalité française, changea son nom en Lillig, et sa boutique de la rue du Pont-Mouja devint l'un des rendez-vous gourmands de la ville : la bergamote était née ; de nombreux confiseurs de Nancy se mirent à l'utiliser.

C'est le confiseur Jean Gouy qui donna au bonbon la forme de tablette carrée que nous connaissons aujourd'hui.

UNE PASSION FAMILIALE

Fortune faite, Lillig revendit son affaire à Charles Dussaulx, qui à son tour la céda à Albert Lalonde en 1901. Ce dernier eut l'idée de conditionner les bergamotes dans des boîtes en fer imprimées représentant la célèbre place Stanislas de Nancy.

La maison Lalonde continue aujourd'hui de fabriquer artisanalement le joli bonbon ambré, selon une méthode qui n'a pas beaucoup évolué depuis un siècle : le sucre est toujours cuit à nu à 155 °C, puis l'essence de bergamote est incluse au mélange. On verse alors la pâte en nappe, sur un marbre huilé. Le sucre est travaillé jusqu'à devenir brillant et satiné, puis il est découpé à la main, à l'emporte-pièce. Une fois refroidies, les tablettes sont enveloppées dans de petits papiers transparents.

La mystérieuse bergamote

Malheur à qui la croquerait toute crue ! Elle est immangeable. Sa chair jaune verdâtre est terriblement acide, et pourtant son parfum est si délicieux qu'un seul fruit suffisait à parfumer le linge rangé dans les profondes armoires de nos grands-mères.

Ce fruit jaune et légèrement allongé est, dit-on, le résultat de l'union d'un limetier (citronnier à fruits doux) et d'une variété de poirier dont les fruits étaient si succulents et si fondants que les Turcs le baptisèrent *beg-armadé,* « poires du seigneur ». Ce petit arbre, qui atteint quatre mètres de hauteur, est cultivé depuis des siècles en Calabre et en Sicile. Encore aujourd'hui, l'Italie fournit à elle seule plus des trois quarts de l'essence de bergamote utilisée dans le monde.

Le berlingot de Carpentras

Le travail du sucre, ignoré du monde antique, n'avait pas de secret pour les Arabes. Un traité de pharmacie rédigé par un médecin de Cordoue au XIe siècle donne une recette de sucre tiré, blanchi et coloré, le fanid, *qui pourrait bien être l'ancêtre de notre berlingot.*

UN CASSE-TÊTE ÉTYMOLOGIQUE

Son nom qui sonne comme un sobriquet laisse les étymologistes perplexes. De nombreuses thèses ont été évoquées, mais pas une ne donne réellement satisfaction. Faut-il chercher son origine dans une déformation de l'italien *berlingozzo,* « bonbon fait sur une table » ; dans le vieux français *berleng,* « jeu de dés » ; dans le bas-latin *berlingotius* ; dans le provençal berlinguau, « osselets » ? la question reste entière. Heureusement, encore une fois, la légende vient nous apporter son indispensable petit grain de fantaisie. Elle situe l'origine du berlingot de Carpentras au XVe siècle. Un certain Sylvestre, maître queux de Bertrand de Got (qui n'est autre que Clément V, premier pape d'Avignon), aurait inventé cette recette en laissant fondre un restant de caramel qu'il aurait mélangé avec du citron et de la menthe puis façonné en forme de bâtonnets. Présentant cette friandise au pape, il aurait ajouté : « Honneur à Bertrand de Got, à découper avec des ciseaux d'or ! » L'étymologie du berlingot se résumerait à un jeu de mots sur le nom du saint homme. Cette explication un peu fantaisiste a du moins le mérite d'être cocasse : la fête foraine n'est pas loin !

Au verso des vignettes publicitaires, la maison Eysseric engageait les clients à se méfier des contrefaçons !

DU « PÉGUEUX » PROVENÇAL AU BERLINGOT D'EYSSERIC

Une recette publiée en français en 1545 dans un petit traité sur la manière de faire les confitures précise que les « pénydes » sont « étirés par pièces grosses et longues comme le doy », puis

« coupées par petits morceaux comme une noysille ». Cette description ne nous rappelle-t-elle pas le geste du marchand de bonbons des fêtes foraines étirant son boudin de sucre suspendu à un crochet, puis le découpant aux ciseaux ?

Toutefois, l'histoire du berlingot de Carpentras n'est pas si ancienne ; il ne serait apparu (ou réapparu) tel que nous le connaissons qu'au XXe siècle. On vendait bien sur les foires de Provence les fameux « pégueux », caramels collants et poisseux à souhait, mais de berlingots, point. Ces derniers sont nés de l'imagination d'un certain Gustave Eysseric, mécanicien de la marine marchande, devenu confiseur par mariage. Animé sans doute par un souci d'économie, il s'interrogea sur la meilleure façon d'utiliser les sirops parfumés et colorés qui lui restaient en quantité après le confisage des fruits. Il les recuisit, les brassa, les aromatisa à la menthe de Mitcham (cultivée en abondance dans la région) et obtint une pâte qu'il façonna en un long boudin. Il eut enfin l'idée de génie d'envelopper celui-ci de bandes de sucre qui, après étirages et replis successifs, faisaient apparaître une multitude de stries blanches (un vrai berlingot en compte au moins quarante) qui encore aujourd'hui font l'originalité du berlingot de Carpentras. En dernier lieu, le boudin était découpé en petits tétraèdres aux couleurs chatoyantes. La réputation des berlingots d'Eysseric fut telle qu'elle supplanta rapidement celle des fruits confits qui faisaient la renommée de la ville.

Nostalgie

On trouve maintenant des berlingots aromatisés à l'orange, à la framboise, à l'anis ou au café. Certains le regretteront, à l'instar de Robert Robert, qui écrivait en 1928 que les berlingots « ne comportent que deux parfums traditionnels, menthe et citron. Les autres parfums sont apocryphes ». Autre sujet de désolation pour les vrais amateurs : il se fabrique bien peu de fruits confits à Carpentras de nos jours, et les sirops de confisage si parfumés d'autrefois ont été remplacés par des sirops aromatisés, bien moins goûteux. N'empêche, le berlingot reste le symbole sucré des fêtes foraines, que l'on aime sucer et croquer, surtout quand la langue ou le palais rencontrent ses petites arêtes vives.

Le berlingot de Nantes

Au siècle dernier, on achetait des petits cornets de berlingots dans les rues de Nantes. Ces douceurs bon marché avaient à l'époque la forme de coquilles d'escargot. De tous les parfums proposés, c'était le « piquant à la menthe » qui remportait le plus de suffrages.

La maison Bonté fabrique toujours le fameux berlingot nantais sous la marque « La Belle Nantaise ».

La ville du sucre

La ville de Nantes, sous ses airs de belle dame austère et sérieuse, est au fond une grande gourmande. Sous l'Ancien Régime, elle importait des Antilles d'énormes quantités de sucre, et au XIXe siècle son activité de raffinage la plaçait au premier rang avec une production de 63 000 tonnes par an. À cette époque, la confiserie avait le vent en poupe et Nantes était citée parmi les villes produisant les plus grandes quantités de douceurs. Il faut dire qu'à la fin du siècle dernier elle ne comptait pas moins de neuf raffineries.

Copie ou original ?

De la même famille que son homologue de Carpentras, il l'est, sans aucun doute, mais l'histoire de leur parenté est un peu obscure. Qui est le père ? Qui est le fils ? Nul ne peut répondre à cette question avec assurance. Carpentras s'appuie sur une légende qui fait remonter la naissance du berlingot au XIVe siècle, mais Nantes lui rétorque, non sans raison, qu'aucun texte sérieux ne relate sa fabrication dans la ville du comtat Venaissin avant le XIXe siècle. Forte de cet argument, elle revendique la paternité du fameux bonbon, preuves à l'appui. Ne sait-on pas de source sûre qu'une petite confiserie s'installa en 1780, place Royale, et qu'on y vendait des berlingots ? La recette, d'ailleurs, mise

Coiffées du bergot, les Nantaises vendaient par les rues les petits cornets de friandises. Bergot et berlingot, la consonance des deux mots a intrigué quelques érudits qui ont cru trouver là l'origine étymologique du bonbon.

au point par une certaine Mme Couet, remporta un tel succès que la modeste échoppe se transforma en une belle boutique qui prit pour nom « À la Renommée des Vrais Berlingots Nantais ». La maison eut pignon sur rue pendant près de deux siècles.

Entre-temps, de nombreux confiseurs s'étaient lancés dans la fabrication du berlingot. Plus tard, il adopta la forme que nous connaissons tous aujourd'hui, celle d'un petit tétraèdre aux arêtes pointues. Cependant, contrairement à son « rival » carpentrasien, il est de couleur unie, sans rayures blanches.

SOUVENIRS D'ENFANCE

Qu'ils soient de Carpentras, de Nantes, de Pézenas, de Cauterets, de Berck où on les nomme « succès », de Châtellerault où ils se font berlingolettes, de Bavay qui les a baptisés « chiques », les berlingots réveillent en nous une foule de souvenirs d'enfance. Le marchand de bonbons du marché qui pioche à la pelle dans les casiers de son étal, l'épicier qui plonge la main dans de grands bocaux de verre, la grand-mère qui tire de son buffet la boîte en fer multicolore... tous ces gestes sont promesses de petits moments de bonheur que l'on fait durer à plaisir, car le berlingot se prête bien à la dégustation lente : on le suce d'abord pour arrondir ses arêtes piquantes, puis on attend qu'il soit assez petit pour le croquer d'un coup sec.

Le boudin de sucre est découpé mécaniquement. En dernier lieu, les berlingots passent en turbine avec du sucre glace. Ils se conservent plus facilement et ne collent pas entre eux.

Apothicaires et épiciers, la bataille du sucre

Pendant plusieurs siècles, apothicaires et épiciers se sont affrontés autour de la question du sucre. Médicament ou friandise ? « Le sucre soigne, disent les apothicaires ». « Certes, répondent les épiciers, mais il est surtout source de revenus confortables ! » Il faudra attendre 1777, pour que les deux frères ennemis trouvent un accord et que cesse la zizanie.

Chez les apothicaires, le sucre de canne occupait une place de choix

Le sucre, un enjeu de prix

Au Moyen Âge, qui voulait faire emplette de friandises se rendait indifféremment chez l'apothicaire ou chez l'épicier. Regroupés au sein d'une même corporation, les deux frères ennemis chassaient sur le même terrain, vendaient les mêmes épices, à la différence près que l'un, l'apothicaire, était seul autorisé à réaliser les préparations et les remèdes à base de sucre. Ce privilège, insupportable aux yeux des épiciers, fut l'occasion de querelles innombrables, de jalousies et de batailles juridiques. Le sucre, au même titre que de nombreuses épices, tels que l'anis, la réglisse ou le gingembre, était alors considéré comme un médicament : à ce titre, les apothicaires en avaient le monopole. L'enjeu commercial que représentait le sucre était considérable.

Denrée excessivement chère, réservée à l'aristocratie, il bénéficie d'un engouement extraordinaire à travers les « épices de chambre », les dragées, les anis confits, les confitures. Confinés au rôle de simples revendeurs, les épiciers chercheront pendant trois siècles à obtenir satisfaction.

Qui est espicier n'est pas apothicaire et qui est apothicaire est espicier. C'est en ces termes que l'édit royal de 1518 tente de résoudre la question. En d'autres termes, les épiciers pouvaient faire commerce d'épices, mais en aucun cas ils ne pouvaient vendre de remèdes. Le sucre restait monopole des apothicaires. De cette époque datent plusieurs expressions qui mettent en lumière l'image peu flatteuse que renvoie cette profession. Usant et abusant de leur privilège, plus soucieux d'argent que de la santé des malades, apothicaires riment souvent avec charlatans. Les « comptes d'apothicaire » désignent des comptes sur lesquels il y a beaucoup à rabattre, et pour décrire une personne à qui il manquerait quelque chose d'essentiel, on dit communément qu'elle est « comme un apothicaire sans sucre ».

En 1638, de nouveaux statuts imposèrent aux apothicaires une formation plus sérieuse et plus approfondie ; quatre ans d'apprentissage, six ans de compagnonnage devaient être couronnés par la présentation d'un chef-d'œuvre des « herbes », tandis que formation des artisans épiciers, plus courte, se terminait par la présentation d'un chef-d'œuvre de confiserie (pièce montée, pain d'épices, massepains, etc.). La scission définitive entre apothicaires et épiciers date de 1777. Les apothicaires se constituent en corporation indépendante, le collège de pharmacie, et perdent le monopole du commerce du sucre. Les épiciers sont rattachés à une nouvelle corporation qui comprend les grossiers, les droguistes, les confiseurs et les ciriers.

Les Niniches de Quiberon

Sucette, caramel ou sucre d'orge, la Niniche est une spécialité quiberonnaise relativement récente : elle a fêté son cinquantième anniversaire en 1996. Le fabricant actuel, petit-fils du créateur, Raymond Audebert, a fait de cette friandise une véritable tradition.

Ci-dessus.
Été 1948. Sur la plage de Quiberon, l'échoppe de Raymond Audebert est le rendez-vous des enfants. La boutique ouvrira un an plus tard.

Une promenade traditionnelle

Si d'aventure, de passage à Quiberon, un ami vous propose « d'aller aux Niniches », n'ouvrez pas de grands yeux ronds. La proposition n'a rien de malhonnête. Il est d'usage en effet, d'aller sucer les Niniches toutes chaudes, le soir, au moment de la fabrication. Le plaisir de la promenade est ainsi décuplé par la dégustation des sucettes que l'on peut étirer à loisir, car le caramel encore tiède permet de façonner la Niniche avant qu'elle ne durcisse. Dans la journée, les Niniches sont vendues froides, enveloppées de Cellophane.

Les premiers temps

L'ancêtre de la Niniche est, selon certains, une ancienne douceur originaire de Saint-Brieuc et de Dinan. Cette friandise bretonne, le caramollé, est décrite dans un ouvrage sur les confiseries populaires publié en 1895. Il s'agit d'un « léger bâton de sucre plié et tordu ». Ces caramollés, fabriqués à la demande par des vendeuses spécialisées, étaient proposés aux passants à un sou les quatre. L'auteur de l'article conclut en spécifiant que ces vendeuses « ne manquaient pas de cracher dans leurs mains » pour conférer au bonbon le « bouquet voulu » avant de le façonner en bâton.

Le bonbon des vacanciers

Les premières Niniches de Raymond Audebert étaient fabriquées elles aussi de façon très artisanale, dans la cuisine familiale. La vente était assurée par son épouse, Yvonne, qui chaque jour se rendait à la plage à vélo munie d'une provision de Niniches fraîches. Les estivants prirent rapidement l'habitude de les déguster après la baignade. Les années passant, ces douceurs devinrent, selon les mots d'Hervé Bazin, cité dans *Le Tour de France des bonbons*, une « spécialité du cru ».

Il est loin, aujourd'hui, le temps de la vente à la sauvette. La Niniche a pignon sur rue. Elle se décline en cinquante variétés : trente aux fruits et vingt au caramel. Cet impressionnant choix de parfums permet de varier les plaisirs à l'infini. On peut ainsi passer de la Niniche à la banane à la Niniche à la nougatine et s'offrir, chaque jour de vacances, une petite découverte sucrée. Et, pour parfaire sa culture « ninichienne », on peut visiter l'atelier du confiseur, baptisé « Espace Découverte ». Il est ouvert au public pendant une bonne partie de l'année et permet d'assister à la fabrication des sucettes et de nombreuses spécialités au caramel, comme le Salidou et le Brazadou, caramels à la pomme et au calvados.

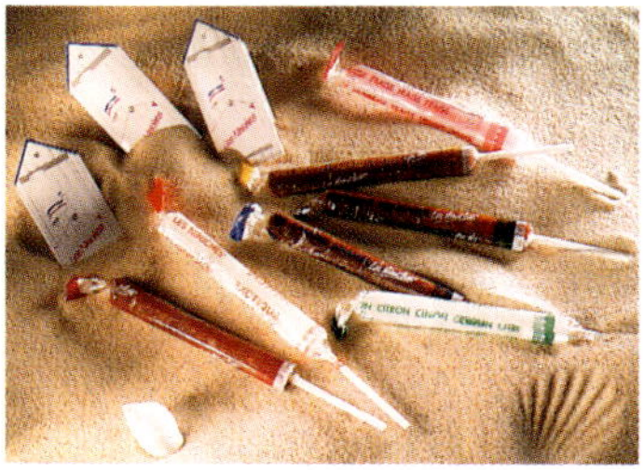

Les sucettes

Il fallait y penser ! C'est ce qu'aurait pu dire M. Evrard, confiseur parisien et inventeur de la sucette, dont il déposa le premier brevet le 4 avril 1924. Bon observateur, M. Evrard avait remarqué que les enfants déshabillaient leurs sucres d'orge progressivement, de crainte de se salir les doigts. De là lui vint l'idée de placer la friandise au bout d'un bâton. Ainsi naquirent les premières sucettes au caramel. De forme ovale, la sucette dite « fer de lance » fut un grand succès dont le Pierrot Gourmand allait devenir l'emblème. Aujourd'hui, on trouve des sucettes de toutes tailles et toutes formes, de la célèbre Chupa-Chups aux sucettes géantes et colorées que les petits regardent avec des yeux émerveillés.

Le sucre d'orge de Moret

En 1638, une communauté de bénédictines s'installa à Moret-sur-Loing et entreprit la fabrication de sucres d'orge. Ces petits bonbons dont la modeste vocation était de soigner « la laryngite des prédicateurs » devinrent la coqueluche des dames de la cour de Louis XIV.

À l'origine, les sucres d'orge de Moret avaient la forme de petits cœurs transparents et dorés marqués d'une croix du Sacré-Cœur et des initiales RM (pour « Religieuses de Moret »). On a conservé les mêmes symboles sur les bonbons actuels.

Le musée du Sucre d'orge

Cette « exquise panacée, bienfaisante aux riches et aux pauvres », comme la décrit une notice savoureuse du siècle dernier, a connu bien des péripéties. Fabriqués aujourd'hui par Jean Rousseau, issu d'une vieille famille morétaine, proche des religieuses, les sucres d'orge ont conservé leur caractère artisanal. Leur histoire, riche en rebondissements, et leur fabrication sont retracées au petit musée du Sucre d'orge des religieuses de Moret qui a ouvert ses portes en 1995.

De nobles ambassadrices

À l'époque de Louis XIV, le couvent de Moret abritait le séjour d'une sœur connue sous le nom de « la Mauresse » à cause de son teint très foncé. Objet de mystère, de scandale et de curiosité (elle était peut-être la fille adultérine de la reine et d'un serviteur maure), elle recevait la visite de la reine elle-même, puis des dames de la cour qui, à cette occasion, découvrirent et firent connaître autour d'elles les sucres d'orge qu'elles distribuaient généreusement. Avec de telles ambassadrices, la promotion du bonbon était assurée.

Première disparition des sucres d'orge de Moret

En 1782, la communauté des religieuses, sous l'autorité de la mère abbesse Élisabeth Pidoux, belle-sœur de La Fontaine, était à la tête d'un commerce prospère. Aussi, quand un édit royal ordonna le transfert du couvent à Champs-Benoist-les-Provins, l'émotion fut grande. Les édiles de la région réagirent avec colère contre cette décision « très préjudiciable à la ville et à ses habitants ». Rien n'y fit. Les bénédictines s'en allèrent.

Cet « exil », puis plus tard la Révolution, qui ordonna la dissolution des ordres religieux, marquèrent le coup d'arrêt de la fabrication.

UNE SUCCESSION DE REBONDISSEMENTS ET DE HASARDS HEUREUX

D'après la tradition, c'est Napoléon qui est à l'origine du renouveau de la friandise. La réputation du sucre d'orge avait survécu à sa disparition, et l'Empereur voulut y goûter. On retrouva une vieille religieuse du couvent, sœur Félicité, qui connaissait la recette. L'Empereur lui acheta les bonbons au prix d'une pièce d'or la boîte. Cependant, la sœur mourut en emportant son secret avec elle. Tout aurait été perdu si une demoiselle Bérault, qui avait autrefois travaillé auprès des religieuses, n'avait réuni ses souvenirs et retrouvé la recette. Avec l'aide d'un certain Desmarais, elle relança la fabrication.

Quelques années plus tard, en 1853, Desmarais fit cadeau du secret des sucres d'orge, des droits d'exploitation et des ustensiles aux sœurs de la Charité venues s'installer à Moret. Elles redonnèrent tout son lustre au fameux sucre d'orge et en assurèrent la fabrication jusqu'en 1972, date à laquelle elles confièrent la recette à un laïc, M. Jean Rousseau, qui en est, aujourd'hui encore, l'unique dépositaire.

Les sucres d'orge de Vichy

À l'époque de Napoléon III, les villes d'eaux sont très à la mode. Certaines firent du sucre d'orge leur spécialité, Vichy est sûrement la plus célèbre.

Dans le laboratoire des Rousseau, chacun ne connaît qu'une parcelle du secret de fabrication des sucres d'orge. La recette est ainsi efficacement protégée des contrefaçons.

Le sucre d'orge de Tours

*Cette douce spécialité
a fait depuis longtemps
la renommée de Tours.
Avec le pruneau fourré,
le sucre d'orge est
un de ces petits délices
qu'il ne faut pas manquer
de rapporter de voyage.*

L'ORGE N'EST PLUS QU'UN SOUVENIR

À l'origine, il est certain que l'orge était l'un des composants principaux de la friandise, mais aujourd'hui il n'en est plus question. Le nom est resté, mais l'orge a cédé la place au glucose. Que les nostalgiques du temps passé ne se renfrognent pas, le sucre d'orge de Tours n'a rien perdu de son goût ni de son charme. Il est toujours fabriqué de façon artisanale, dans le secret des laboratoires des pâtissiers-confiseurs. Les méthodes ont évolué, mais le savoir-faire et l'habileté des artisans assurent seuls la qualité de la fabrication.

UN PETIT DÉTOUR PAR L'ANGLETERRE

L'explication du mot « sucre d'orge » semble couler de source. À l'évidence, en effet, il tire son nom de sa composition, à base de sucre et d'orge. Pourtant, certains étymologistes, cherchant peut-être la complication, affirment qu'à l'origine le nom de ce bonbon était « sucre brûlé ». En passant la Manche, le sucre brûlé serait devenu *sugar barley*. Le mot *barley* signifiant en anglais « orge », il nous serait revenu en France sous l'appellation de sucre d'orge.

TROIS GRAMMES ET DEMI DE GOURMANDISE

Les sucres d'orge de Tours sont fort différents des traditionnels bâtonnets que les enfants sucent lentement, les doigts poisseux et l'air réjoui. Plus discrets, ils se présentent sous la forme de piécettes multicolores. Cette forme pratique permet de s'adonner sans inconvénient ni ostentation à la dégustation de sucre d'orge. De plus, en offrant à nos enfants ces jolies friandises de trois grammes et demi chacune, nous nous garantissons contre l'odieux bâton collant, malignement fourré au fond d'une poche ou négligemment oublié sur le bord d'une table.

La fabrication des sucres d'orge

On imagine mal, à picorer les pastilles multicolores confortablement installé dans un fauteuil, l'ambiance de fournaise qui règne dans le laboratoire où s'élaborent les sucres d'orge. Penché sur ses bassines, l'artisan surveille la cuisson du sirop, qui doit atteindre 147 °C. Il verse ensuite les arômes naturels et les mélange au sirop, qui prend alors couleur et parfum. Vient ensuite le moment délicat entre tous, l'étape décisive où le confiseur doit remplir en cinq minutes les mille petits trous des plaques servant au moulage. D'un geste rapide et précis, il verse le sirop brûlant à l'aide d'un « poêlon à sucre d'orge », récipient muni de cinq becs verseurs. Il faut posséder un sérieux tour de main pour remplir chaque rangée, doser la quantité exacte de sirop et éviter toute bavure.

Après quelques minutes de refroidissement, le confiseur soulève les plaques de moulage. Toutes les piécettes tombent d'elles-mêmes sur le marbre. Les spécimens trop grands ou trop petits sont éliminés. Les autres sont immédiatement rangés dans des boîtes en fer qui les préserveront de l'humidité.

Pour remplir chaque petit trou sans bavure, il faut le tour de main d'un professionnel.

Le coquelicot

Le coquelicot de Nemours qui a fait les délices de plusieurs générations de dames tend à disparaître, et c'est dommage! le coquelicot avait la réputation d'adoucir les gorges irritées et l'on en faisait grande consommation. Autre temps, autres mœurs, on préfère aujourd'hui le pharmacien au confiseur.

Le sucre de pomme de Rouen

Les vues touristiques qui ornent les emballages des bâtons de sucre de pomme sont charmantes et désuètes, un peu comme cette friandise qui a fait le bonheur de nombreux enfants et régalé quelques « grands », comme l'impératrice Marie-Louise, qui l'appréciait fort.

AU PAYS DE LA POMME DE REINETTE

Si le sucre de pomme est né à Rouen au milieu du XVIe siècle, la paternité en revient à un apothicaire espagnol venu pour deux ans dans la bonne ville enseigner à un collègue rouennais, Pierre Dubosc, « l'état de sucrier et raffineur de sucre ». Peut-on dire, quatre siècles plus tard, que Rouen était prédestinée ? Probablement, car on trouvait là non seulement les délicieuses pommes de reinette qui prospéraient dans les beaux vergers de Normandie, mais aussi le précieux sucre de canne qui arrivait par bateau jusqu'au port de la ville.

QUAND LA POMME FAILLIT DISPARAÎTRE

Jusqu'en 1830, cette confiserie était effectivement fabriquée à base de vrai jus de pomme. La préparation en était difficile et délicate, car le jus des fruits ramollissait le sucre. Le bonbon se conservait mal, s'opacifiait avec le temps, et le sirop de pomme retournait parfois à l'état liquide. Bientôt, pour simplifier la fabrication, les confiseurs supprimèrent les pommes du sucre de pomme, au grand dam des amateurs. L'écorce de citron ou d'orange s'imposa jusqu'à l'apparition de produits nouveaux, comme l'essence naturelle de fruits, qui ont redonné un peu d'authenticité à ce produit très malmené.

Présentation et emballage

La présentation qui valut au sucre de pomme la grande faveur des enfants fut inventée en 1865 par un confiseur rouennais. Il créa « la cartouche du prince impérial » qui contenait des bonbons imitant les balles du célèbre fusil Chassepot. On le trouve cependant plus couramment sous forme de bâtons dont la taille varie de 7 cm à 34 cm ! Ce dernier modèle est un vrai bâton de maréchal et convient à des appétits solides, car il ne pèse pas moins d'un kilo.

L'emballage du sucre de pomme, tel qu'il apparut sous la Restauration, était luxueux et raffiné : une feuille d'étain puis une feuille de papier blanc protégeaient le sucre d'orge. Celui-ci était ensuite enveloppé de papier doré ou argenté, frisé au deux bouts et décoré de vignettes représentant des monuments célèbres de Rouen. Le sucre de pomme d'aujourd'hui a troqué ses beaux habits d'antan pour un petit étui de papier, tout simple. Des fastes du passé, il a gardé les jolies vignettes.

Le plus gros modèle a de quoi faire rêver les enfants gourmands. Il pèse presque 1 kilo et se mange à deux mains !

Un bon prétexte

Quand les apothicaires étaient aussi confiseurs, leurs médicaments ont dû réjouir bien des petits malades. Aux maux de gorge, aux maux de ventre, un seul remède, le sucre de pomme. Aux belles atteintes de langueur et de mélancolie, une cure du précieux électuaire redonnait appétit et joie de vivre. À cette pâte épaisse, on mêlait santal, aloès et autres produits médicamenteux qui en renforçaient l'efficacité.

À la fin du XVIIIe siècle, le sucre de pomme est considéré comme une grande spécialité rouennaise. On l'offre aux hôtes de marque de la ville et on le trouve à Paris chez les grands confiseurs. Il perd peu à peu sa connotation médicale pour ne plus soigner bientôt que la gourmandise.

Bonbons maison & bonnes adresses

Bien sûr, on ne s'improvise pas confiseur. Mais, pourvu qu'on ait un peu de temps et de patience, on peut réaliser chez soi toutes sortes de bonbons et friandises. Après quelques tâtonnements, quelques déboires parfois, mais toujours beaucoup de plaisir, on offre avec fierté ses premiers caramels ou ses premiers sucres d'orge. Mais que les gourmands qui n'ont ni le temps ni l'envie d'endosser le costume d'apprenti-confiseur se rassurent. Ils ne seront pas privés de bonbons. Nous avons constitué, à leur intention, un petit carnet d'adresses incontournables.

Petit lexique des matières premières

L'amidon
Il se présente sous forme d'une fine poudre blanche. Utilisé pour son pouvoir gélifiant, il a aussi la propriété étonnante de ne pas se détremper au contact du sirop de sucre. Il constitue un moule idéal pour la fabrication des bonbons de toutes formes.

Les arômes
Ils peuvent être naturels ou synthétiques. Les arômes naturels proviennent de fleurs, de fruits ou de plantes. Ils se présentent sous forme d'huiles essentielles, de jus concentrés, d'infusions ou d'alcoolats. Très sensibles à la chaleur, ils sont d'un maniement délicat, mais leur saveur est incomparablement plus fine que celle des arômes de synthèse.

Les colorants
Une fois encore, ils peuvent être naturels (extraits de plantes ou de fruits) ou synthétiques. Ces derniers sont sévèrement testés afin d'en contrôler l'innocuité. Le nombre et le dosage de colorants utilisés en confiserie sont très limités.

Les fruits
On les utilise entiers (pour les fruits confits), en pulpe (pour les pâtes de fruits ou les fourrages), sous forme de produits aromatiques (pour les concentrés, les infusions ou les huiles essentielles). On utilise également les tiges de certains végétaux (angélique) ou les écorces d'agrumes. Les fruits secs sont utilisés pour la fabrication des dragées, des pâtes d'amandes, du praliné, etc.

La gomme arabique
Fournie par l'acacia verek, elle provient de l'exsudation des branches et se présente sous forme de larmes arrondies. Soluble dans l'eau, sans goût et sans saveur, c'est un épaississant qui entre dans la fabrication des guimauves et des produits à base de réglisse.

Le lait
Concentré ou en poudre, on l'utilise pour l'arôme qu'il confère aux bonbons et pour la texture particulière qu'il leur donne (caramels).

Les matières grasses
Le beurre et la crème sont les matières grasses les plus nobles, utilisées pour les bonbons de haute qualité. Ils sont d'un maniement délicat. On utilise également, selon la texture que l'on veut obtenir, des graisses végétales, tels que le beurre de cacao, la graisse de palme, etc.

Le miel
En confiserie, il est utilisé pour ses qualités aromatiques plutôt que pour son pouvoir sucrant. Il contient en effet un fort pourcentage de sucre inverti qui risquerait de nuire à la conservation des bonbons.

La pectine
Extraite des agrumes et des pommes, elle est un gélifiant naturel.

Le saccharose
Il s'agit tout simplement du sucre blanc cristallisé. Il entre dans la composition de la plupart des confiseries. Sa pureté est d'une grande importance. De trop nombreuses impuretés mettent en péril une fabrication et empêchent d'obtenir la texture désirée.

Le sirop de glucose
Constitué de divers sucres (glucose, maltose, fructose, etc.), il se présente sous la forme d'une matière visqueuse et transparente. On l'obtient par saccharification de l'amidon. Ce n'est pas un produit de synthèse, car il est issu de produits naturels (amidon et fécules extraits du maïs, du blé ou de la pomme de terre). On l'appelle également « sirop de fécule ».

Le sucre inverti
Obtenu par hydrolyse du saccharose, il est constitué de glucose et de fructose. Il permet à la fois de limiter la cristallisation et de retenir l'eau. On l'utilise pour réaliser des fondants, des pâtes d'amandes.

Quelques recettes…

Calissons

500 g de sucre en poudre
500 g d'amandes mondées et effilées
2 abricots confits
1 c. à s. de sirop de confiture d'abricot
1 ou 2 feuilles de pain azyme (ou, à défaut, de papier cuisson)
2 blancs d'œufs
200 g de sucre glace

Dans un grand mortier, piler le sucre et les amandes.

Hacher très finement les abricots confits. Les mettre dans le mortier et continuer de piler le tout. Ajouter le sirop de confiture d'abricot. Malaxer la pâte à la main, puis la déposer dans une casserole légèrement huilée. À feu doux, laisser dessécher la pâte en la travaillant à l'aide d'une cuillère en bois.

Étaler ensuite la préparation sur une feuille de pain azyme (ou de papier cuisson) sur 1,5 cm d'épaisseur. Laisser refroidir.

Pendant ce temps, battre en neige les blancs d'œufs avec le sucre glace. Étaler ce mélange sur la pâte et passer au four très chaud pendant 2 à 3 minutes.

Découper en losanges après refroidissement.

Berlingots à la menthe

125 g de sucre en morceaux
2 c. à s. d'eau
1 c. à c. de vinaigre de vin
quelques gouttes d'alcool de menthe

Mettre à cuire au grand cassé (150 °C) le sucre en morceaux, les 2 cuillerées à soupe d'eau et le vinaigre de vin.

Dès que la température atteint 150 °C, verser immédiatement le contenu de la casserole sur un marbre légèrement huilé.

Ajouter quelques gouttes d'alcool de menthe et commencer à travailler la pâte en la repliant sur elle-même, à l'aide d'une spatule.

Dès que la température le permet, commencer à travailler le sucre à la main, en l'étirant puis en

le repliant sur lui-même, et cela plusieurs fois de suite. Procéder avec rapidité.

Quand le ruban commence à « claquer », étirer le sucre une dernière fois et découper rapidement des berlingots à l'aide de grands ciseaux huilés.

Nougatine

200 g d'amandes
5 c. à s. d'eau
1 c. à c. de jus de citron
200 g de sucre en morceaux

Monder les amandes et les hacher au couteau afin d'obtenir un sable grossier. Faire sécher celui-ci dans une poêle, à sec et sur feu vif.

Huiler une tôle.

Dans une casserole à fond épais, verser les 5 cuillerées à soupe d'eau et la cuillerée à café de jus de citron, ajouter le sucre en morceaux et laisser fondre à feu doux, en remuant la casserole.

Lorsque le sirop a pris la couleur d'un caramel blond, ajouter les amandes hors du feu. Mélanger vivement et verser la préparation sur la tôle.

L'étaler à l'aide d'un rouleau à pâtisserie légèrement huilé. Découper la nougatine en petits morceaux avec un couteau ou un emporte-pièce.

Sorbet aux violettes

50 g de sucre en morceaux
300 g de violettes de Toulouse cristallisées
1 litre d'eau

Mettre le sucre, les violettes cristallisées et l'eau dans une grande casserole. Porter le tout à ébullition.

Retirer du feu le sirop obtenu et le laisser infuser pendant 3 à 4 h à température ambiante.

Filtrer le sirop aux violettes puis le faire prendre en sorbetière.

Réserver au congélateur.

Caramels mous au beurre

1 dl de lait
1 gousse de vanille
250 g de sucre en poudre
80 g de miel
150 de beurre

Verser le lait dans une casserole à fond épais, incorporer le sucre en poudre et le miel. Ajouter une gousse de vanille fendue et porter à ébullition en remuant sans arrêt.

Incorporer petit à petit le beurre et continuer la cuisson sur feu réduit.

Poser un cercle à pâtisserie sur un marbre légèrement huilé. Ôter la gousse de vanille et, dès que la préparation a atteint 120 °C, la verser à l'intérieur du cercle.

Laisser refroidir pendant deux bonnes heures avant de découper les caramels.

Sucre d'orge de ménage

125 g de sucre cristallisé
1/2 verre d'eau
quelques gouttes d'arômes de fruits

Dans une casserole, verser le sucre cristallisé, l'eau et le jus du demi-citron. Porter le sirop à ébullition en tournant sans arrêt, à l'aide d'une cuillère en bois, jusqu'au grand cassé (145-147 °C).

Hors du feu, ajouter l'arôme désiré (essence de menthe, d'anis, de citron, ou de café...). Mélanger à nouveau la préparation, la verser sur un marbre préalablement huilé.

Quand cette « pâte » commence à prendre, au bout de 3 à 4 mn, la découper en petits carrés.

Conserver les sucres d'orge au sec, dans une boîte en fer.

Nougat blanc

500 g d'amandes
250 g de miel
250 g de sucre cristallisé
1 c. à c. d'eau de fleur d'oranger
1 blanc d'œuf
3 ou 4 feuilles de pain azyme
(ou, à défaut, de papier cuisson)

Monder les amandes, puis les faire sécher au four.

Les hacher finement.

Cuire à 129 °C (petit cassé) le miel et le sucre cristallisé. Ajouter la cuillerée d'eau de fleur d'oranger et le blanc d'œuf battu. Dessécher cette préparation à feu très doux, en remuant.

Lorsque la température est revenue à 109 °C, ajouter les amandes.

Mélanger, puis verser cette préparation dans un moule en fer-blanc tapissé de pain azyme (ou de papier cuisson).

Recouvrir d'un seconde feuille de pain azyme et laisser tiédir.

Détailler en petits cubes ou en bâtonnets après complet refroidissement.

Pâte de coings

2 kg de coings
1 grand verre d'eau
sucre en poudre

Laver soigneusement les coings et les couper en morceaux sans les éplucher.

Prélever les pépins, les enfermer dans un petit sachet en mousseline.

Mettre les coings dans une grande marmite, ajouter de l'eau (1/2 verre par kilo de fruit) et le petit sachet de pépins. Cuire à feu doux jusqu'à ce que la chair des coings soit complètement molle.

Ôter les pépins. Passer le contenu de la marmite au moulin à légumes et reverser cette pulpe de fruit dans une bassine.

Ajouter le sucre en poudre (même poids de sucre et de coings) et faire réduire cette marmelade jusqu'à consistance épaisse.

L'étaler dans un moule peu profond et à bords peu relevés. Saupoudrer de sucre cristallisé et laisser sécher.

Fondants au café

40 g de café
1/4 de litre d'eau
250 g de sucre

Faire une décoction de café, filtrer, puis ajouter le sucre. Faire cuire, sans cesser de remuer, jusqu'à ce que la température atteigne 116 °C (cuisson au petit boulé).

Laisser refroidir ; quand la préparation est à peine tiède, la travailler à la spatule en bois, jusqu'à ce que la consistance permette de façonner les fondants à la main.

Pâte d'amandes facile

125 g d'amandes en poudre
125 g de sucre glace
1 c. à c. de crème de riz
2 c. à s. d'eau
quelques gouttes de colorant alimentaire

Dans une terrine, mélanger les amandes râpées, le sucre glace et la cuillerée à café de crème de riz.

Disposer le mélange en fontaine et y verser 2 cuillerées à soupe d'eau.

Mélanger d'abord du bout des doigts, puis former une boule.

Pétrir fortement en écrasant la boule. Ajouter progressivement l'équivalent de 2 cuillerées à soupe d'eau.

Quand la consistance de la préparation ressemble à celle de la pâte à modeler, enfoncer légèrement le doigt dans la boule et verser dans la cavité quelques gouttes de colorant. Refermer le trou et pétrir jusqu'à ce que la couleur soit uniformément répartie.

Caramels fondants à la vanille

150 g de lait concentré non sucré
1/2 gousse de vanille
400 g de sucre en poudre
60 g de beurre
1 c. à c. de vinaigre
2 sachets de sucre vanillé

Faire chauffer le lait concentré et la gousse de vanille fendue en deux dans une grande casserole à fond épais. Ajouter le sucre, le beurre coupé en petites parcelles et le vinaigre.

Porter le mélange à ébullition sans cesser de remuer. Réduire le feu, couvrir la casserole et laisser bouillonner doucement pendant 2 minutes. Ôter le couvercle et cuire jusqu'au petit boulé (116 °C).

Refroidir immédiatement la préparation en plongeant le fond du récipient dans de l'eau glacée.

Ajouter le sucre vanillé et battre au fouet, jusqu'à ce que le mélange épaississe et perde son brillant.

Verser sur une plaque ou sur un marbre huilé. Égaliser au rouleau et découper les caramels avant complet refroidissement.

Carnet d'adresses

Angélique confite de Niort

• Angeli-Cado
6 bis, rue Sainte-Marthe
79000 Niort
Tél. : 05 49 24 10 23

Réglisse d'Uzès

• Musée du Bonbon Haribo
Pont des Charrettes
30700 Uzès
Tél. : 04 66 22 74 39
Fax : 04 66 22 73 97
Visites : du 1er juillet au 30 septembre. Tous les jours de 10 h à 19 h du 1er octobre au 30 juin.
Tous les jours sauf le lundi de 10 h à 13 h et de 14 h à 18 h.

Anis de Flavigny

• Abbaye de Flavigny
21150 Flavigny-sur-Ozerain
Tél. : 03 80 96 20 88
Fax : 03 80 96 21 43

Cotignac d'Orléans

• Benoît Gouchault
45130 Saint-Ay
Tél. : 02 38 88 84 66

Fruits confits

• Confiseries Denis Ceccon
24, quai de la Liberté
84400 Apt
Tél. : 04 90 74 10 68

• Magasin Lilamand « Provence Gourmande »
1, rue de la Commune
13210 Saint-Rémy
Tél. : 04 90 92 36 13

• Maiffret
31, rue d'Antibes
06400 Cannes
Tél. : 04 93 39 08 29
Fax : 04 93 68 95 45

• Confiserie Bono
282, allée Jean-Jaurès
84200 Carpentras
Tél. : 04 90 63 04 99
Fax : 04 90 60 55 22

Pâtes de fruits

• Maison Noël Cruzilles-Aubert
226, avenue Jean-Mermoz
BP 5 Saint-Jean
63014 Clermont-Ferrand
Tél. : 04 73 91 24 46

• Maison Vieillard
31, rue Pascal
63000 Clermont-Ferrand
Tél. : 04 73 91 31 35
Fax : 04 73 91 58 92

• Abbaye de Valognes
8, rue des Capucins
50700 Valognes
Tél. : 02 33 95 01 41

Marrons glacés

• Clément Faugier
ZI du Lac, le Logis du Roi
07001 Privas
Tél. : 04 75 64 07 11
Fax : 04 75 64 39 81

• Sabaton
137, route Nationale
07200 Labégude
Tél. : 04 75 37 40 03
Fax : 04 75 37 69 79

• Facor-Corsiglia
13-15, rue Xavier-Prognin
13004 Marseille
Tél. : 04 91 49 38 07
Fax : 04 91 85 41 04

Papillotes de Lyon

• Maison Voisin
24, avenue Joannes-Masset
69009 Lyon
Tél. : 04 78 64 02 02
Fax : 04 78 83 53 11

Pruneaux de Tours

• La Chocolatière
6, rue de la Scellerie
37000 Tours
Tél. : 02 47 05 66 75
Fax : 02 47 64 53 22

• Maison Poirault
31, rue Nationale
37000 Tours
Tél. : 02 47 66 99 99

Calissons d'Aix

• Léonard Parli
35, avenue Victor-Hugo
13600 Aix
Tél. : 04 42 26 00 61

• Calissons du Roy René
La Pioline BP 60
13545 Aix-en-Provence Cedex 04
Tél. : 04 42 39 29 89
Fax : 04 42 24 41 94

• Chocolaterie de Puyricard
Jean-Guy Roelandts
Quartier Beaufort, 420, route du Puy-Sainte-Réparate
13090 Aix-en-Provence
Tél. : 04 42 96 11 21
Fax : 04 42 21 47 10

Dragées de Verdun

• Dragées Braquier
3, rue Pasteur
55100 Verdun
Tél. : 03 29 86 05 02

Massepain d'Issoudun

• Société Bénux
14, rue de l'Amandier
36100 Issoudun
Tél. : 02 54 03 01 32
Fax : 02 54 03 19 24

Nougat de Montélimar

• André Boyer
Porte des Aires
84390 Sault
Tél. : 04 90 64 0023
Fax : 04 90 64 08 99

Nougatine de Nevers

• Confiserie Édé
75, rue François-Mitterrand
58000 Nevers
Tél. : 03 86 61 02 97

Pralines de Montargis

• Au Duc de Praslin, Prasline Mazet SA
43, rue du Général-Leclerc
45200 Montargis
Tél. : 02 38 98 63 55

Négus de Nevers

• Au Négus, confiserie Lyron
96, rue François-Mitterrand
58000 Nevers
Tél. : 03 86 61 06 85

Caramels

• Henri Le Roux
18, rue du Port-Maria
56170 Quiberon
Tél. 02 97 50 06 83
Fax : 02 97 30 57 94

Le Charitois et la Charitoise

• Galerie du Prieuré
58400 La Charité-sur-Loire
Tél. : 03 86 70 01 81

Bergamotes de Nancy

• Roger Lalonde
32, rue Saint-Jean
54000 Nancy
Tél. : 03 83 32 36 43
Fax : 03 83 30 06 07

• Visite des laboratoires
2, avenue Milton
54000 Nancy
Tél. : 03 83 40 23 63
du mardi au jeudi de 8 h 30 à 10 h sur rendez-vous

Berlingots de Carpentras

• Confiserie du Mont Ventoux
288, avenue Notre-Dame-de-Santé
84200 Carpentras
Tél. 04 90 63 05 25
Fax : 04 90 67 20 00

Berlingots de Nantes

• Confiserie Bonté
40, rue du Pré-Gauchet
44000 Nantes
Tél. : 02 40 47 12 05
Tél. : 02 40 47 12 05

Bêtises de Cambrai

• Confiserie Afchain
ZI de Cantimpré
BP 197
59904 Cambrai
Tél. : 03 27 81 25 49
Fax : 03 27 81 20 40

Forestines

• Maison des Forestines
3, place Cujas
18000 Bourges
Tél. : 02 48 24 00 24
Fax : 02 48 24 00 01

Niniches de Quiberon

• Alain Audebert
5, boulevard Chanard
56170 Quiberon
Tél. : 02 97 50 09 96

Rigolettes nantaises

• Gourmandine
18, rue de Verdun
44000 Nantes
Tél. : 02 40 48 00 39

Sucre d'orge des religieuses de Moret

• Daniel et Yvette Rousseau
5, rue du Puits-du-Four
77250 Moret sur Loing
Tél. : 01 60 70 35 63
• Musée du Sucre d'orge de Moret : même adresse.
Visites de 15 h à 19 h, de Pâques à la Toussaint, les dimanches et jours fériés, et tous les samedis de juin, juillet, août et septembre.

Sucre d'orge de Tours

• La Chocolatière
6, rue de la Scellerie
37000 Tours
Tél. : 02 47 05 66 75
Fax : 02 47 64 53 22

Sucre d'orge de Vichy

• Laviel, Confiserie thermale
53, route de Paris, BP 32
03301 Cusset Cedex
Tél. : 04 70 31 68 66
Fax : 04 70 31 22 28

Vérités de Lapalisse

• Aux Vérités de Lapalisse
André Sauvadet
15, rue Roosevelt
03120 Lapalisse
Tél. : 04 70 99 05 01

Adresses parisiennes

• À la mère de famille
35, rue du faubourg Montmartre
75009 Paris
Tél. : 01 47 70 83 69

• L'Étoile d'Or
30, rue Fontaine
75009 Paris
Tél. : 01 48 74 59 55

• Confiserie Servant
30, rue d'Auteuil
75016 Paris
Tél. : 01 42 88 49 82

Bibliographie

Bonbons et Confiseries, Soline, 1996.

La Confiserie de sucre, Cedus, 1978.

L'Inventaire du patrimoine culinaire de France, Nord-Pas-de-Calais, Albin Michel/Conseil national des arts culinaires, 1992.

L'Inventaire du patrimoine culinaire de France, Bourgogne, Albin Michel/Conseil national des arts culinaires, 1993.

L'Inventaire du patrimoine culinaire de France, Franche-Comté, Albin Michel/Conseil national des arts culinaires, 1993.

L'Inventaire du patrimoine culinaire de France, Île-de-France, Albin Michel/Conseil national des arts culinaires, 1993.

L'Inventaire du patrimoine culinaire de France, Pays de Loire, Albin Michel/Conseil national des arts culinaires, 1993.

L'Inventaire du patrimoine culinaire de France, Poitou-Charentes, Albin Michel/Conseil national des arts culinaires, 1994.

L'Inventaire du patrimoine culinaire de France, Bretagne, Albin Michel/Conseil national des arts culinaires, 1994.

L'Inventaire du patrimoine culinaire de France, Provence-Alpes-Côte d'Azur, Albin Michel/Conseil national des arts culinaires, 1995.

L'Inventaire du patrimoine culinaire de France, Rhône-Alpes, Albin Michel/Conseil national des arts culinaires, 1995.

L'Inventaire du patrimoine culinaire de France, Midi-Pyrénées, Albin Michel/Conseil national des arts culinaires, 1996.

Larousse gastronomique, Larousse, 1984 et 1996.

Mémoires d'un bout d'Zan. La Réglisse dans le Gard, Office de la Culture de la ville d'Uzès, Équinoxe, 1991.

Balzac, Honoré de, *La Rabouilleuse,* 1842 ; réédition Gallimard, « Folio », 1972.

Bazin, Hervé, *Le Matrimoine,* Seuil, 1967 ; réédition Le Livre de poche, 1984.

Bernardin, Marie-Paule, *Confiseries et Petits Fours,* La Maison rustique, 1979.

Chemin, Cécile, *Confiseries, Bonbons et Gourmandises,* La Lanterne, 1982.

Combet, Claude ; Lefèvre, Thierry, *Le Tour de France des bonbons,* Robert Laffont, 1995.

Creignou, Michel ; Meurville, Élisabeth de, *La France gourmande à domicile,* Hachette, 1996.

Durand, Jean, *Le Nougat de Montélimar,* La Mirandole.

Gaillard, Marcel-Élie, *Les Fruits confits d'Apt, histoire et technique,* Barthélemy.

Gault, Henri ; Millau, Christian, *Guide gourmand de la France,* Librairie Hachette, 1970.

Lallemand, Roger, *Petit Guide des douceurs de France,* Desvigne, 1990.

La Reynière, Grimod de, *Manuel des Amphitryons,* Métaillié, 1983.

Massialot, François, *Nouvelles Instructions pour les confitures, les liqueurs et les fruits,* 1698.

Perrier-Robert, Annie, *Les Friandises et leurs secrets,* Larousse, 1986.

Perrier-Robert, Annie, *Bonbons et Friandises,* Hatier, 1995.

Verroust, Jacques et Marie-Laure, *Friandises d'hier et d'aujourd'hui,* Berger-Levrault, 1979.

Remerciements

L'auteur et le photographe remercient pour leurs conseils et leur aide précieuse :

M. Bernard Albert (angélique de Niort), Mme Catherine Troubat (anis de Flavigny), Mme Nathalie Lalonde (bergamotes de Nancy), M. André Boyer (berlingots de Carpentras), M. Bonté (berlingots de Nantes), M. Francis Aguillon (berlingots de Cauterets), Mme Geneviève Roger (Bêtises de Cambrai), M. Christophe Crolet (les Cachous Lajaunie), Léonard Parli (calissons d'Aix), Corinne Monteil (musée du Bonbon Haribo), M. Henri Le Roux (CBS), M. Alain Audebert et Mlle Delphine Sumyk (les Niniches), MM. Louis et Charles Chavanette (cotignac d'Orléans), M. Benoît Gouchault (cotignac d'Orléans), M. Jean-Pierre Etienvre (caramels de Normandie), M. Claude Streit et Mlle Peter (le Charitois et la Charitoise), M. Alain Boucaud (papillotes), M. Daniel Giraud (papillottes), Mme Marie-Claire Tavernier (Forestines), M. Guichard (pâtes de fruits d'Auvergne), M. Michel Morand et M. Jacques Dalzon (pâtes de fruits d'Auvergne), sœur Marie-Samuel (pâtes de fruits de l'abbaye de Valognes), M. Denis Ceccon (fruits confits et nougats), M. Sabaton (marrons glacés), M. Jacques Guyard (massepain d'Issoudun), M. André Boyer (nougat de Montélimar), M. et Mme Edé (nougatines de Nevers), M. Benoît Digeon (pralines de Montargis), M. Jean-Claude Ménard (pruneaux de Tours et sucre d'orge), M. et Mme Desmars (Rigolettes nantaises), M. Théate (dragées de Verdun), Mme Yvette Rousseau (sucre d'orge de Moret), Mme Martel (sucre de pomme de Rouen), M. André Sauvadet (Vérités de Lapalisse), Mme Dominique Mourai (violettes de Toulouse), Mme Denise Acabo (l'Étoile d'Or, à Paris), Mme Autret (confiserie Servant, à Paris), Mme Geneviève Baudon (la Librairie Gourmande), Mme Nicolas (Cedus).

Crédits photographiques

Toutes les photographies de cet ouvrage sont de Philippe Barret, à l'exception de :

Annie Perrier-Robert, collection particulière : p. 10 (en bas à gauche) ; p. 27 (en haut, à gauche) ; p. 32 ; p. 37 ; p. 45 (en bas) ; p. 58 (en haut à droite) ; p. 64 (en bas à gauche) ; p. 67 (en bas) ; p. 98.
Cedus-photothèque : p. 21 (en haut et en bas) ; p. 25 (en haut) ; p. 26 (en haut à droite) ; p. 27 (en haut à droite) ; p. 45 (en haut) ; p. 72 ; p. 80 (en haut et en bas) ; p. 94 (à gauche) ; p. 95 (en bas) ; p. 96 (à droite) ; p. 102 (en haut et à droite) ; page 103.
Photothèque des Musées de la ville de Paris : p. 20 (à gauche) L. Degrales, (à droite) R. Briant ; p. 68 (en bas à gauche) R. Briant ; p. 69 (en bas) R. Briant.
Page 18 (en haut à droite) : collection Cachou Lajaunie ; p. 22 : collection Vichy État Pastillerie ; p. 104 (en bas) Alain Audebert collection particulière ; p. 105 Alain Audebert collection particulière.
Photothèque Hachette : p. 68 (à droite) ; p. 69 (en haut) ; p. 102 DR (en bas à gauche).

Responsable artistique
Sabine BÜCHSENSCHÜTZ

Photogravure : Offset Publicité, à Maisons-Alfort
Imprimé en Italie par Canale, à Turin
Dépôt légal : 7460 - avril 1998
2.84277.094.3
34/1256/6 - 01